Karina Mayer

Nicht Ich

Bibliografische Information
der Deutschen Nationalbibliothek:

Die Deutsche Nationalbibliothek
verzeichnet diese Publikation in
der Deutschen Nationalbibliografie.
Detaillierte bibliografische Daten
sind im Internet über
http://www.d-nb.de abrufbar.

Alle Rechte der Verbreitung,
auch durch Film, Funk und Fernsehen,
fotomechanische Wiedergabe,
Tonträger, elektronische Datenträger und
auszugsweisen Nachdruck,
sind vorbehalten.

www.vindobonaverlag.com

© 2021 Vindobona Verlag

ISBN 978-3-949263-23-1
Lektorat: Laura Oberdorfer
Umschlagfotos: Artistashmita,
Timbenham, Pojoslaw,
Florin Seitan | Dreamstime.com
Umschlaggestaltung, Layout & Satz:
Vindobona Verlag

Gedruckt in der Europäischen Union
auf umweltfreundlichem, chlor- und
säurefrei gebleichtem Papier.

Dieser Roman beschreibt keine Dissoziative Identitätsstörung (DIS), sondern eine sekundäre strukturelle Dissoziation, d. h. es gibt nur eine Identität und einen nach außen hin sichtbaren, eher leeren und gefühllosen Funktionsmodus (Apparently Normal Part ANP), während es im Inneren mehrere, teils abgespaltene, emotionale Anteile (Emotional Parts EP) gibt, die den ANP manchmal überwältigen können. Diese Störung kann im Zuge einer komplexen Posttraumatischen Belastungsstörung (kPTBS) auftreten. Die Betroffenen sind nach außen hin oft angepasst und unauffällig.

Für Traumabetroffene: Triggerwarnung für den gesamten Text

Inhaltsverzeichnis

Das erste Date I 11
Das erste Date II 14
Samstag I 18
Samstag II 20
Das zweite Date I 26
Das zweite Date II 27
Montag I 29
Montag II 31
Der Einzug I 34
Der Einzug II 36
Mädelsabend I 38
Mädelsabend II 39
Zusammen I 42
Zusammen II 44
Bei den Eltern I 50
Bei den Eltern II 52
Streit I 55
Streit II 57
Verlassen I 60
Verlassen II 61
Das erste Date III 63

Ich bete wieder, du Erlauchter,
du hörst mich wieder durch den Wind,
weil meine Tiefen nie gebrauchter
rauschender Worte mächtig sind.

Ich war zerstreut; an Widersacher
in Stücken war verteilt mein Ich.
O Gott, mich lachten alle Lacher
und alle Trinker tranken mich.

In Höfen hab' ich mich gesammelt
aus Abfall und aus altem Glas,
mit halbem Mund dich angestammelt,
dich, ewiger aus Ebenmaß.
Wie hob ich meine halben Hände
zu dir in namenlosem Fleh'n,
dass ich die Augen wiederfände,
mit denen ich dich angeseh'n.

Ich war ein Haus nach einem Brand,
darin nur Mörder manchmal schlafen,
eh ihre hungrigen Strafen
sie weiterjagen in das Land;
ich war wie eine Stadt am Meer,
wenn eine Seuche sie bedrängte,
die sich wie eine Leiche schwer
den Kindern in die Hände hängte.

Ich war mir fremd wie irgendwer
und wusste nur von ihm, dass er
einst meine junge Mutter kränkte,
als sie mich trug,
und dass ihr Herz, das eingeengte,
sehr schmerzhaft an mein Keimen schlug.

Jetzt bin ich wieder aufgebaut
aus allen Stücken meiner Schande
und sehne mich nach einem Bande,
nach einem einigen Verstande,
der mich wie ein Ding überschaut, –
nach deines Herzens großen Händen –
(o kämen sie doch auf mich zu)
ich zähle mich, mein Gott und du,
du hast das Recht, mich zu verschwenden.

   Rainer Maria Rilke

Das erste Date I

Tobias redete viel, als sie sich das erste Mal trafen, an einem Donnerstagabend Afterwork auf einen Cocktail in einer Bar, die ruhig genug war, um sich zu unterhalten. Sie hatte ihn letztes Wochenende auf der Geburtstagsfeier eines Kollegen kennengelernt; er war allein auf der Party gewesen wie sie und sie war froh, als er sie ansprach, als sie etwas verloren vor dem Tisch mit den Getränken stand. Er blieb nicht lange, fragte sie aber nach ihrer Telefonnummer, die sie ihm gerne gab.

Nun, ein paar Tage später, saß sie ihm gegenüber auf einem leidlich bequemen Barhocker und war aufgeregt. Er sah zwar nicht umwerfend aus. Eher durchschnittlich, mit seinem schmalen Gesicht und der Hornbrille, schon dünn werdendem Haar und seinem leichten Bauchansatz unter dem maßgeschneiderten Hemd. Aber er schien sich für sie zu interessieren und das war aufregend genug. Sie mochte es, wie und was er von sich erzählte, über seine Arbeit als Projektmanager und Führungskraft, seine vielfältigen Erfahrungen im Leben und wie er sie gemeistert hatte. Immer gespickt mit Seitenhieben auf andere, die er nicht ausstehen konnte, weil sie sich nicht an die Regeln hielten oder ihn mit ihrer Dummheit zur Verzweiflung brachten. Sie konnte gut zuhören und ermunterte ihn, immer weiterzusprechen. Es gab ihr ein Gefühl von Sicherheit, dass er wusste, was er wollte, die Menschen so klar einteilen konnte, sein Leben im Griff hatte, keine Spur von Angst oder Unsicherheit. Ja, das gefiel ihr am besten. Dass er nicht an sich zweifelte, von sich überzeugt war, ohne offen anzugeben. Na ja, ein bisschen vielleicht, aber das störte sie nicht. Sie bewunderte, wie selbstsicher und weltgewandt er mit dem Kellner sprach, der Weißwein sei etwas zu warm. Und er schien sehr lebensfroh und optimistisch zu sein, stark, so als kenne er keine Tage, an denen man kaum aus dem Bett wollte oder sich nicht traute. Sie lächelte viel und lachte oft, wenn sie sprach. Mit einer Leichtigkeit als wäre sie ein Schmetterling, der über allen Problemen des Lebens schwebt, wie ein Bekannter ihr einmal gesagt hatte. Wenn Tobias sie nach ihrer Meinung fragte, wusste sie oft gar nicht so recht zu antworten, sie versuchte das zu sagen, was er wohl gut finden könnte.

Wenn er anfing, von seiner Ex-Freundin zu sprechen und was ihn an ihr gestört hatte, beeilte sie sich, ihm zu versichern, dass bei ihr alles ganz anders war. Sie ließ einfließen, dass sie völlig unkompliziert sei und schon einiges an sexueller Erfahrung gesammelt hatte und ganz sicher öfter als einmal in der Woche wollte, trotzdem aber auch nicht zu viel, ein grundanständiges Mädchen war sie, ehrlich, das Lügen in Beziehungen nicht leiden konnte, eine gute Haut, die selbstlos wenig Ansprüche stellen würde. Er schmeichelte ihr, machte ihr Komplimente, die sie zwar mit einem ungläubigen Schnauben abtat, aber trotzdem gern hörte. Sie verstand nicht ganz, was er an ihr fand, war aber froh und dankbar für sein Interesse. Er hatte warme, freundliche Augen, mit denen er sie häufig und lang anblickte, ihr tief in die Augen schaute, was sie verlegen machte, schüchtern trank sie den nächsten Schluck Wein. Was sollte sie tun, wenn er danach versuchte, sie zu küssen? Erst mal ablehnen, sie müssten sich erst besser kennenlernen oder nur einen Kuss zulassen, schließlich wollte sie ihn nicht zurückweisen oder vielleicht sogar verärgern. Sie wusste gar nicht so genau, ob er ihr gefiel, aber das war nicht so wichtig, sie wollte unbedingt ihm gefallen und das schien zu funktionieren. Schließlich kam es selten vor, dass sie überhaupt eine Verabredung hatte, sie fühlte sich eher unscheinbar und langweilig und manchmal richtiggehend unsichtbar für Männer. Sie trank noch einen Schluck Wein, warf ihre langen blonden Haare zurück und strich sich mit der rechten Hand noch eine letzte Strähne aus dem Gesicht. Dann legte sie den Kopf schräg, blickte ihn leicht von unten an und sagte, dass sie Männer möge, die wüssten, was sie wollten im Leben.

Als er sie danach draußen küsste, ließ sie es einfach geschehen, seine Zunge betätigte sich leidenschaftlich in ihrem Mund, sie fühlte sich gewollt und ihr wurde warm und es erregte sie. Fast wünschte sie sich, er würde sie zu sich einladen, aber dann verabschiedete er sich. Er müsse morgen früh raus. Allein in ihrer Wohnung kamen die ersten Zweifel, hätte sie vielleicht aktiver sein müssen, ihm noch ein Glas bei ihr anbieten, hatte sie alles richtig gemacht? Vielleicht war sie ihm zu prüde erschienen und er würde sich nie mehr melden. Als sie im Bett lag, blinkte eine Nachricht auf ihrem Display auf. Was für ein wunderschöner Abend es mit ihr gewesen sei und was für ein Kuss. Sie speicherte seinen Namen mit einem Herzchen ab. Zufrieden schlief sie ein, mit der warmen Gewissheit, sich gerade zu verlieben.

Das erste Date II

Er redete viel, als sie sich das erste Mal trafen, an einem Donnerstagabend Afterwork, nachdem sie sich letztes Wochenende auf einer Party kennengelernt hatten.
 Er war allein auf der Feier gewesen wie sie und sie war froh, als er sie ansprach. Sie fühlte sich unwohl wie meist auf größeren Partys, unbeholfen in dieser Gute-Laune-Small-Talk-Welt. Manchmal stellte sie sich irgendwo dazu, wurde allerdings wenig beachtet und schaffte es nicht, gegen die Lautstärke der Musik auch etwas Lustiges zur Unterhaltung beizutragen. Sie fühlte sich komisch, anders als alle anderen und meinte, das müssten diese auch sofort auf den ersten Blick erkennen. Sie schämte sich für ihr Outfit, das ihr viel weniger cool und passend erschien als das der anderen Frauen. Von ihrem in ihren Augen unförmigen Körper darunter ganz zu schweigen. Nach zwei Wodka Lemon ging es ihr allerdings besser, sie fühlte sich hübsch und interessant, nachdem Tobias sich an der Getränkebar neben sie gestellt hatte und eine Weile blieb. Großzügig sah sie darüber hinweg, dass er nicht unbedingt ihr Typ war. Nett war er auf jeden Fall und er schien sehr angetan von ihr. Wobei sie ohnehin nicht so genau wusste, welche Männer ihr überhaupt gefielen. Er ging früh nach Hause, nachdem er sie um ihre Telefonnummer gebeten hatte und nun fiel ihr endgültig nichts besseres mehr ein, als weiterzutrinken. Sie konnte sich hinterher nicht mehr erinnern, wie es dazu kam, aber bald schon knutschte sie mit einem recht brav wirkenden, bebrillten Typ, den man sich gut in der Buchhaltung vorstellen konnte. Nach einem weiteren Drink nahm sie ihn kurzerhand mit zu sich. Entgegen seinem Aussehen war er ziemlich grob und fast brutal, sie war zu betrunken und blieb trocken, es tat weh und sie dachte noch, wie froh sie war, endlich wieder etwas zu spüren, sich zu spüren, bevor sie einschlief. Als sie mitten in der Nacht aufwachte, weil sie Durst hatte, war er schon weg. Er hatte seine Nummer auf einem Zettel hinterlassen,

mit dem Satz „Bald mal wieder?". An seinen Namen konnte sie sich nicht erinnern. Dann schlief sie wieder ein und verbrachte den Sonntag zerschlagen im Bett, was ihr ganz gelegen kam. Verkatert und nicht ganz da war dieser Tag erträglicher. Es machte ihr fast gute Laune: ihr Kopf war zu träge, um sich Gedanken zu machen, alles schien wie in graue Watte gepackt, verlangsamt und weichgezeichnet und sie spürte keine Angst wie sonst, vor der neuen Woche, vor dem Alleinsein, vor dem Chef, vor allem und nichts. Gegen Abend beschloss sie, dem Typen von letzter Nacht zu schreiben, leider hatte sie die Angewohnheit, sich immer ein bisschen beim Sex zu verlieben, sicher die blöden Hormone, sie wünschte, er wäre jetzt bei ihr. Auf ihr „Schön war's mit Dir" kam keine Antwort.

Nun, ein paar Tage später, saß sie Tobias gegenüber. Sie war müde nach einem langen Arbeitstag und langweilte sich. Er sprach detailreich über Dinge, die sie nicht wirklich interessierten, seine Arbeit, Hobbies und vor allem über sich. Die übliche Selbstdarstellung, aber sie mochte es nicht, wenn jemand versuchte den Eindruck zu erwecken, er hätte alles im Griff und wäre dem Rest der Welt nicht nur intellektuell, sondern auch moralisch überlegen. Sie hatte ein ungutes Gefühl, wenn er voller Verachtung über das Fehlverhalten anderer sprach, und hätte ihn am liebsten gefragt, für wen er sich eigentlich hielt. So ein aufgeblasenes Ego löste Abneigung in ihr aus und gleichzeitig ein Gefühl von Unterlegenheit, Minderwertigkeit. Sie spürte eine Beklemmung und etwas in ihr schien zu verschwinden, angewidert, verschämt. Aber vielleicht war da auch nie etwas in ihr gewesen, was verschwinden konnte, vielleicht war da nur eine große Leere gewesen, die nun bereitwillig auf ein dominantes Gegenüber traf, das sie füllen, sich breitmachen würde in ihr mit seiner nervösen Energie, die Führung übernehmen und ihr sagen würde, wo es langging. Endlich. Als hätte sie darauf gewartet, als könnte sie nicht aus sich heraus leben, sondern brauchte einen Taktgeber von außen, um sich lebendig zu fühlen, um irgendetwas zu fühlen. Sie wollte ihn haben, seine Überlegenheit platzen lassen wie einen Luftballon, begehrt werden von ihm, ihn um den Verstand bringen. Es war, als würde die Leere in ihr einen Sog erzeugen. Den Wunsch, mit demjenigen zu verschmelzen, der zunächst unangenehme Gefühle ausgelöst hatte, Macht über ihn zu erlangen, ja, süße Macht, und das ging am einfachsten mit Sex. Sie hasste sich selbst dafür, wie sie sich anbot, als verfügbares Weibchen präsentierte. Ihre Kiefer pressten sich fest aufeinander, während sie lächelte. Wie sie dankbar und unterwürfig auf jedes Kompliment reagierte wie ein Hund auf einen hingeworfenen Happen. Wie sie sich verliebte in Typen, die sie eigentlich nicht ausstehen konnte.

Sie konnte es nicht leiden, wie er mit dem Kellner sprach, über eine Kleinigkeit meckerte, der Weißwein war zu warm, na und? Sie trank ihn in großen Schlucken und er besänftigte sie etwas. Wenn Tobias sie nach ihrer Meinung zu etwas fragte, hörte sie sich selbst genau das sagen, was ihm wohl gefallen könnte, aber was war überhaupt ihre Meinung? Sie hatte viele, je nachdem mit wem sie zusammen war, sie wusste oft gar nicht, wie sie war oder was sie wollte, es kam auf die Situation drauf an. Das, was sie über ihn dachte, aufgeblasenes Arschloch, konnte sie ihm leider nicht sagen. Verdammt. Insofern war es gut, wenn er viel redete. Sie konnte zwar über bestimme Themen sprechen, aber nicht von sich, denn da war nichts, über was sie reden könnte, nichts, was in Worte zu fassen wäre. Sie sah sich fleißig nicken und lächeln und sie hätte sich am liebsten erwürgt dafür.

Aus dem, was er über seine Ex-Freundin berichtete, entnahm sie, dass er viel öfter Sex gewollt hatte als sie und überhaupt schien sie eine recht komplizierte Frau gewesen zu sein. Er wollte also eine möglichst willige, hübsche Freundin, die wenig Ansprüche stellte und sich freundlich lächelnd als dekoratives und dankbares Publikum in sein Leben einfügen würde. Gleichzeitig naiv und verrucht, voller Lust, wenn er wollte und selbst nie zu aktiv im Bett, jedenfalls nichts verlangen würde, was ihn überfordern könnte. Sie kannte diese Art von Mann, die eine treue, brave Nymphomanin suchten. Wieso landete sie eigentlich immer in Dates mit Männern wie ihm? Großtuerisch auf Eroberungsfeldzug, auf der Suche nach Selbstbestätigung, Bewunderung und natürlich Sex, so überzeugt von sich selbst, dass sie sich für unwiderstehlich hielten. Sie fühlte sich nicht wohl in ihrer Nähe, aber scheinbar brauchte sie das, sie hatte sich selbst in Verdacht, Angst und Ekel und Erregung und Verliebtsein gleichzusetzen. Und bestimmte Männer schienen das zu riechen. Alphatiere vor der sicheren Beute, bei ihrem schüchternen Gehabe kein Wunder. Sie ekelte sich vor sich selbst. Die anderen, netten, zurückhaltenden Männer interessierten sie meist nicht sonderlich, sie wusste mit deren Aufmerksamkeit nichts anzufangen, was sollte sie schon sagen? Ihnen, die ihr zuhörten, sich für sie interessierten. Manchmal, es kam nicht oft vor.

Tobias tat ihr schön, machte ihr Komplimente, sogar ganz geschickt, sie konnte sich selbst dabei zusehen, wie sie dahinschmolz, obwohl sie ihn nicht besonders sympathisch fand. Sie war wütend auf sich selbst und es machte ihr Angst, das Verlangen in seinen Augen zu sehen. Es war ihr unangenehm, wie er sie ansah, fast bohrend, ihr auf die Brust sah, und auf den Arsch, als sie auf die Toilette ging und seinen Blick im unteren Rücken spürte. Warum verflucht musste sie immer so enge Sachen tragen. Sie bestellte sich noch ein drittes Glas Wein, in ihrem Alter ging das noch als lebenslustiges Partygirl durch.

Als er danach vor dem Lokal mit seiner Zunge und viel Speichel in ihren Mund drang und sie umschlang, wurde ihr leicht übel, aber das konnte auch vom Wein kommen. Sie wollte weg und nach Hause, allein. Glücklicherweise verabschiedete er sich nach endlosem Geküsse und sie wusch sich erleichtert das Gesicht zu Hause und putzte sich sorgfältig die Zähne. Als sie seine Nachricht las, bekam sie Angst, sie wusste, er hatte angebissen und nun gab es für sie keinen Schritt zurück. Es war ihr nicht mehr möglich, ihn abzuweisen.

Samstag 1

Den Samstag verbrachte sie in Ruhe zu Hause, nach einer anstrengenden Arbeitswoche war das auch nötig. Gegen Mittag ging sie spazieren. Sie setzte sich auf eine Parkbank an einem Teich und sah den Enten zu. Es waren wenige Menschen unterwegs, das Wetter war grau verhangen. Der Donnerstagabend mit Tobias klang noch nach in ihr, es war ein warmes Gefühl, an ihn zu denken. Sie hoffte inständig auf eine längere Beziehung, so wie die meisten ihrer Freundinnen, die nun mit Ende 20 sogar schon ans Heiraten dachten. Ihre Eltern meinten vor jeder Familienfeier sehr freundlich, dass sie gerne jemanden mitbringen könnte, ob es da niemanden gäbe. Sie dachte über ihr Leben nach, das bisher gut verlaufen war, ohne Probleme. Ihre Kindheit war wohlbehütet und sorgenfrei gewesen, der Vater, Beamter, war zwar des Öfteren sehr wütend geworden und ihm war „die Hand ausgerutscht", aber es war meist auch verdient gewesen. Ihm waren Korrektheit und Höflichkeit sehr wichtig und sie war wohl ein bisschen zu frech gewesen und hatte über die Stränge geschlagen. Ihre kleine Schwester hatte es besser hingekriegt, sie war die Brave. Beide Eltern waren sehr religiös und der sonntägliche Kirchgang ein unumstößlicher Pflichttermin jede Woche. Die Mutter war Hausfrau und den ganzen Tag zu Hause, musste sich allerdings wegen ihrer Kopfschmerzen sehr oft hinlegen und war meist erschöpft. Die Mädchen waren es gewohnt, sich allein zu beschäftigen und durften selten Freundinnen mit nach Hause bringen. Umso mehr freuten sie sich, wenn der liebe Onkel Robert kam, der jüngere Bruder der Mutter, Musiklehrer von Beruf, und mit ihnen spielte. Sie war seine Lieblingsnichte gewesen und er hatte sie auf Abenteuerwochenenden und zum Zelten mitgenommen. Als sie größer wurde, lud er manchmal auch ihre kleine Schwester dazu ein, was sie rasend eifersüchtig machte. Dann kam er seltener, hatte eine eigene Familie, und sie vermisste ihn sehr. Sie freute sich, ihn auf Familienfeiern wieder zu sehen und wünschte sich die frühere Vertrautheit zurück; es tat ihr weh, dass er sich von ihr fernzuhalten schien. Sie bemühte sich sehr, ihm weiterhin zu gefallen, aber er zeigte kein Interesse mehr an ihr.

Sie hatte in ihrer Jugend verschiedene Beziehungen gehabt, aber keine, die länger gedauert hatte. Mit Anfang 20 war sie Knall auf Fall mit Andi zusammengezogen, einem Kommilitonen, der sehr in sie verliebt gewesen war. Leider hielt es nur ein Jahr und sie war wieder allein. Noch eine Weile saß sie auf der Bank, stand dann auf und ging nach Hause, während sie überlegte, was das Leben ihr wohl noch bringen würde, was sie sich wünschte, Familie und Kinder, ja, das wäre schön, einfach ein normales Leben wie alle anderen auch.

Nach dem Spaziergang legte sie sich mit einem Buch wieder ins Bett. Tobias' Nachricht am frühen Abend, was sie so mache und ob sie morgen Nachmittag Zeit hätte, freute sie sehr. Natürlich hatte sie nichts vor und lud ihn auf einen Tee zu sich ein.

Samstag II

Sie hasste Samstage, an denen sie nichts vorhatte und an denen es keinen Grund gab, aufzustehen. Ihre beste Freundin Anne hatte heute keine Zeit, alle anderen Freundinnen waren mit Ende 20 in festen Beziehungen und sie wollte sie nicht ständig nerven mit Fragen, ob sie am Wochenende etwas unternehmen könnten. Also blieb sie bis Mittag im Bett, starrte an die Decke, fühlte sich leer und einsam, bis irgendwann die Panik kam, Herzrasen, Todesangst. Nach einer halben Stunde schaffte sie es, aufzustehen, sich anzuziehen und eine Runde in den Park zu gehen. Die Bewegung tat ihr gut, aber es machte ihr Angst, dass so wenige Menschen unterwegs waren. Jeden Mann in ihrer Nähe beäugte sie misstrauisch und war erleichtert, wenn weitere Menschen auftauchten. An einem Teich setzte sie sich auf eine Bank und schaute mürrisch den Enten zu. Wie einfach war deren Leben und wie unbefriedigend ihres. Sie hätte nicht benennen können, was sie eigentlich störte oder was sie anders gewollt hätte, es war nur alles mühsam, ja, ihr Leben machte Mühe und sie wäre froh, wenn sie es schon hinter sich gebracht hätte, anständig und wie es sich gehört, und alles vorbei wäre. Eigentlich war sie über jeden Tag froh, den sie irgendwie hinter sich gebracht hatte, jede Woche, jeden Monat, jedes Jahr. Und das würde am Ende ihr Leben gewesen sein? Vielleicht sollte sie es jetzt schon beenden, frühzeitig, es gab im Grunde nichts, was sie hielt, am Leben hielt. Sie wusste nicht, was so unerträglich war, sie fühlte keine Schmerzen, nur Leere und das war vielleicht das Problem, sie spürte gar nichts die meiste Zeit, war wie benommen und alles erschien ein bisschen fern, so als könne nichts und niemand zu ihr durchdringen. Nur wenn sie getrunken hatte, taute etwas auf in ihr, sie fühlte sich lebendig und manchmal auch unendlich traurig. Nüchtern schien in ihrem Inneren manchmal ein schlammiger, ätzender Brei alles auszufüllen, es vermischten sich so viele Dinge und sie konnte oft keinen klaren Gedanken fassen, dann wieder schob sie alles weg und war erleichtert über die sich einstellende Taubheit. Das Schlimmste war, dass sie nicht in der Lage zu sein schien, irgendetwas zu beeinflussen, sie war wie ein Spielball fremder Mächte und Opfer ihrer selbst, hatte nichts unter Kontrolle und wartete auf das, was als nächstes passieren würde.

Das Gefühl kannte sie seit ihrer Kindheit, die langen Nachmittage zu Hause, die nicht vergehen wollten, die ständige Angst, etwas falsch gemacht zu haben und Prügel zu bekommen vom Vater. Wie ohnmächtig wütend war sie oft auf ihn und auf ihre leidende Mutter, die sich nicht zusammenreißen konnte und den ganzen Tag auf dem Sofa hing und stündlich ihre kleinen weißen Beruhigungspillen einwarf. Und die sie nicht beschützte. Als Kind versuchte sie noch, den Vater nicht zu verärgern und es ihm recht zu machen, später als Jugendliche ließ sie sich nichts mehr gefallen, provozierte ihn, wo sie konnte, ging nicht mehr in die Kirche mit am Sonntag, woran auch seine Wutausbrüche und seine Verachtung nichts ändern konnten, ertränkte ihren Hass im Schnaps, den sie heimlich am Spirituosenschrank ihrer Eltern in großen Schlucken trank seit sie 13 war, färbte sich ihre Haare schwarz, kiffte und lief von zu Hause weg. In ihr war Hass, nichts als Hass auf ihren Vater, ihre Mutter, ihre blöde Kuh von Schwester, die unerträglich brav war und der Liebling ihres Vaters und sogar Onkel Robert hatte sie ihr zeitweise vorgezogen. Einmal nahm sie ein paar Schlaftabletten der Mutter zusammen mit einer halben Flasche Wodka, sie wollte nicht mehr aufwachen, tat es aber doch, verdammt, nicht mal dazu war sie fähig, nichts konnte sie richtig machen. Vor allem war sie wütend auf sich selbst, sie ekelte sich vor sich und ihrem Körper, sie war ein Stück Dreck, unerträglich, abstoßend, unförmig, fast schon kein Mensch mehr und sie konnte nicht auf sich aufpassen, hatte Fehler gemacht, hatte der Welt zu viel Angriffsfläche geboten. Dem freundlichen Onkel Robert gegenüber war sie viel zu schleimig und dankbar gewesen, kein Wunder, dass er gemeint hatte, sie wäre in ihn verliebt und er könne mit ihr „Liebe machen" wie die Erwachsenen, wie er es ihr erklärt hatte und dass sie es schließlich so gewollte hätte. Und dass es ihr ja auch gefiele. Vielleicht hatte er Recht, sie war ja wie vernarrt in ihn gewesen, hatte sehnsüchtig auf den nächsten Besuch gewartet und wartete immer noch, dass er sich ihr wieder zuwenden würde. Aber all das durfte niemand wissen, nicht einmal sie selbst, sonst würde Schlimmes passieren, sofort hörte sie die Stimme in ihrem Inneren, die streng meinte, sie hätte sich das alles nur eingebildet und sie bekam es mit der Angst zu tun. Unerklärlicherweise befürchtete sie, von einem Mann mit einem Messer getötet zu werden aus Rache. Bestimmt war ihr Leben gut verlaufen bisher, an die Sache im Gebüsch hinter der Diskothek, als sie 15 und sturzbetrunken war und mehrere junge Männer stundenlang über sie herfielen, wollte sie nicht denken, da war sie außerdem selbst schuld daran, zu betrunken und zu naiv, viel wusste sie eh nicht mehr, nur das bittere Gefühl von Entwürdigung und Demütigung, als sie willenlos und ohnmächtig ausgeliefert auf dem Erdboden lag, sie schämte sich derart, dass sie vor sich tat, als wäre nichts gewesen. Ängstlich blickte sie sich nach den Büschen um und drückte das, was kurz vor ihrem inneren Auge aufblitzte, sofort wieder weg.

Schnell stand sie auf und ging weiter. Mit dem Sex war das von Anfang an so eine Sache gewesen. Bilder von misshandelten und gedemütigten Frauen erregten sie, wenn sie alleine war, mit Männern hingegen wusste sie gar nicht mehr, was sie selbst wollte, es wurde einfach leer und kalt in ihr, so als wäre sie gar nicht da und sie ließ die Sache über sich ergehen, genoss nur die Macht, die ihr das Ganze über diese großen, haarigen, körperlich überlegenen und widerlichen Wesen gab, fühlte sich geliebt und begehrt, wenn sie unbeherrscht über sie herfielen und danach, wenn es endlich vorbei war, wollte sie, dass es für immer so blieb. Die starken Arme um sie, die sie hielten, das Gefühl von Sicherheit, wenn sie mal für kurze Zeit nicht mehr konnten und die zärtlichen Worte, das warme Gefühl von Liebgehabtwerden und von Wertvollsein, die seltene Gewissheit, dass sie richtig war, so wie sie war.

Sie dachte daran, wie es wohl weitergehen würde in ihrem Leben. Nach dem Auszug von zu Hause nach dem Abitur hatte ihre brave und angepasste Seite wieder das Ruder übernommen und sie versuchte, nirgends mehr anzuecken, niemanden zu stören, es allen recht zu machen. Aber was wollte sie eigentlich? Sie wusste es nicht, sie wollte so vieles und nichts richtig, mal das eine und dann wieder sein Gegenteil. Sie wollte keine Kinder haben und eigentlich auch keinen Mann, das Problem war nur, dass sie schwer allein sein konnte. Nachts wachte sie bei jedem kleinen Geräusch auf und horchte nach Einbrechern. Es war schön gewesen, damals mit Andi zusammenzuwohnen, sich geborgen in seine Arme zu kuscheln, zum ersten Mal hatte sie auch Lust gehabt beim Sex. Er war sehr zärtlich und akzeptierte es, wenn sie nicht wollte. Sie mochte es, wie er sie anfasste und wollte viele Male jeden Tag und jede Nacht, aber es war schön mit ihm. Er war begeistert von ihr und erzählte von Gesprächen mit Freunden, deren Freundinnen keine Quickies mochten oder überhaupt nicht so oft, wohingegen er so glücklich mit ihr sei. Jeden Sonntagmorgen radelte er zum Bäcker und kaufte ein Schokocroissant für sie und nie schaffte sie es, ihm zu sagen, dass sie es nicht mochte, sie wollte ihn nicht enttäuschen. Unter seinem erwartungsvollen Blick, der ihr so gern eine Freude machen wollte, biss sie jedes Mal genüsslich in das Gebäck. Nach einem Jahr ging er für ein Praktikum 3 Monate in eine andere Stadt, sie fühlte sich einsam und betrank sich und fing eine Affäre mit dem Nächstbesten an, was sie Andi sofort beichtete. Komischerweise war sie nicht traurig, als er Schluss machte, sie fand schnell ein Zimmer und zog aus, fast erleichtert ihn loszuhaben, es war zu eng, er war zu nett, langweilig, es wäre eh nicht länger gut gegangen. Seitdem war sie abgesehen von einigen kurzen Affären die ganze Zeit allein geblieben und fragte sich, ob das nun so bleiben würde und irgendwann ihr Leben gewesen sein würde. Einsame Wochenenden und manchmal Abstürze auf Partys, schneller Sex und Gin Tonics, die sie die Leere in sich für kurze Zeit vergessen ließen. Sie wusste auch nicht, was sie anderes haben wollte, was sie überhaupt wollte, es war wie ein Nebel in ihrem Kopf, der sie nur reagieren ließ auf das, was in ihrem Leben passierte und keine klaren Gedanken fassen ließ. Und wenn sie das Gefühl hatte, etwas lieber zu mögen oder eine Entscheidung treffen zu können, sprach sofort etwas in ihr dagegen und wollte etwas anderes, es war zum Verzweifeln. Sie mochte keine Kinder, die sie oft komisch ansahen und sie befürchtete, sie würden sie durchschauen und spüren, was mit ihr los war. Dennoch wünschte sie sich manchmal eine Familie, es wäre so schön, eine Weile den Forderungen der Welt entkommen zu können, kein Geld verdienen zu müssen, zu arbeiten, hübsch auszusehen und stattdessen sich geborgen zu Hause in ein Nest kuscheln zu können. Und welche Achtung wurde auf einmal den schwangeren Kolleginnen entgegengebracht, so als wäre eine Frau mit Kind im Bauch viel mehr wert. Ja, geborgen zu Hause zu bleiben und ihren Kindern ein warmes Heim aufzubauen, es wäre wunderbar. Gleichzeitig erschien es ihr unmöglich, völlig unmöglich. Welcher Mann würde sie schon heiraten wollen.

Nun reichte es aber mit den düsteren Gedanken. Sie kam zu Hause an und fand, sie dürfte sich etwas gönnen, machte sich eine Tiefkühlpizza mit einem Glas Rotwein, das sie schnell trank. Wärme breitete sich in ihr aus, plötzlich fühlte sie sich lebendig und wurde freundlicher mit sich selbst, so einsam war sie schließlich gar nicht, hatte eine Arbeit, Kollegen, Freunde, das Leben sah gar nicht so leer und grau aus wie heute Morgen noch. Sie trank einfach weiter und als sie die Nachricht des Typen von Donnerstag sah, ob sie morgen Zeit hätte, fühlte sie sich bestätigt.Na also, sie könnte viele haben, warum nicht eine kleine Affäre mit ihm, charmant war er ja, wenn auch etwas nervig. Sie lud ihn also zu sich ein, was ihr Sonntagmittag nach dem Aufwachen schon als keine gute Idee mehr erschien.

Sie lag im Bett und betrachtete nachdenklich die Spermaspuren an der Wand, die nicht abzuschrubben waren. Sie stammten von einem Kolumbianer, der sie in einem Club zu mehreren Tequilas eingeladen und ihr dabei gruselige Geschichten vom Krieg erzählt hatte, sie konnte sich nicht mehr erinnern, auf welcher Seite er gekämpft hatte. Auf ihre Frage, wie viele Menschen er schon getötet hätte, bekam sie keine Antwort, er grinste nur vielsagend. Er war nett gewesen und wollte gerne auf ihren Brüsten kommen, wobei dann ein Teil an der Wand neben ihrem Bett landete. Vielleicht lag es an den weißen Puderspuren an seiner Nase, mit denen er vor dem Sex aus ihrem Badezimmer gekommen war. Er schenkte ihr ein goldenes Armeeabzeichen mit zwei gekreuzten Säbeln darauf, als Anerkennung für eine besondere Seelenverwandtschaft, wie er sagte, ging kurz darauf zurück nach Amerika und sie hörte nie wieder etwas von ihm. Komisch eigentlich, dass sie mit ihm keine Angst gehabt hatte, wie sonst meist in völlig harmlosen Situationen, in der Arbeit, in Parks, auf der Straße, im Bus, eigentlich immer und überall. Allein mit einem Ex-Soldaten zu sein, war von jedem Standpunkt aus betrachtet gefährlich. Doch es wurde ganz leicht in ihrem Kopf und Körper und sie war völlig frei von Angst, wenn sie sich objektiv gesehen in Gefahr begab. War das normal? Beim Sex mit Männern, mit denen sie sich anfangs ein bisschen unwohl fühlte, schien etwas auf sie überzugehen, eine Stärke und Kraft, Überlegenheit, Macht; sie genoss diesen Moment über alles, wenn sie die Kontrolle verloren und ihr ergeben waren, sei es nur für einen kurzen Augenblick. Und sie fühlte sich geliebt, wenn sie grob wurden, sich vergaßen, der Schmerz ließ sie sich spüren, was für ein wunderbarer Zustand, nach dem sie fast süchtig geworden war.

Seufzend drehte sie sich auf die andere Seite, stand schließlich auf und beschloss, erst einmal ein Bad zu nehmen.

Das zweite Date I

Sie hatte Tobias an diesem regnerischen Sonntagnachmittag auf einen Tee zu sich nach Hause eingeladen und er hatte sich nicht zweimal bitten lassen. Er sah sich kurz in ihrer funktional eingerichteten Wohnung um und ließ sich dann unaufgefordert auf dem grauen Zweisitzer-Sofa, eingerahmt von einer Leselampe und einem Benjamin, nieder. Sie setzte sich verlegen in die andere Ecke des Sofas, was würde nun passieren? Er wartete kaum bis der Tee gezogen hatte, schon öffnete er ihren BH und saugte gierig an ihrer linken Brustwarze, während seine rechte Hand die andere fest knetete und bearbeitete. Sie sah auf seinen Kopf hinunter, der schon erste lichte Stellen aufwies mit Anfang 30. Sie mochte es, auf Männer so herabblicken zu können und sie speichelnd vor Begehren zu sehen, sie fühlte sich mächtig und wurde feucht. Sie atmete schneller und zog ihm sein T-Shirt aus, sah ein Kreuz auf seiner behaarten Brust aufblitzen, drückte sich an ihn und als er wenig später ihre Jeans auszog und in sie eindrang, kam sie schnell und heftig, gerade rechtzeitig bevor er sich in sie entlud.

Wieder verabschiedete er sich nach kurzer Zeit, murmelte etwas von Arbeit vorbereiten für morgen. Sie wollte nicht, dass er ging, gerne wäre sie noch ein bisschen in seinen Armen gelegen. Nackt und nachdenklich trank sie den noch warmen Tee. Die Wohnung kam ihr plötzlich leer vor ohne ihn. Hatte sie etwas falsch gemacht? Vielleicht hätte sie ihn länger warten lassen sollen und nun war er abgeschreckt davon, dass sie so leicht zu haben gewesen war. Ob er sich wieder melden würde? Seine liebevolle Nachricht später munterte sie auf, es wäre fantastisch mit ihr gewesen und er wollte sie möglichst bald wiedersehen, las sie mit Befriedigung. Sie fühlte sich verliebt. Als ihre beste Freundin Anne anrief, erzählte sie möglichst cool von der neuen Bekanntschaft. Ja, sie hätten sich zweimal gesehen, könnte was werden, er wäre ganz nett. Endlich passierte mal was in ihrem Leben.

Das zweite Date II

Wie war das denn passiert, nun war sie allein mit diesem Typen in ihrer Wohnung an einem verregneten Sonntagnachmittag. Gab es etwa keine Cafés in dieser Stadt? Um diese Zeit war es auch noch zu früh für Alkohol; Tee also. War wohl nach der Flasche Wein gestern Abend auch besser. Sie fühlte sich unwohl allein mit einem Mann in einem Raum. Doch die meisten Männer interpretierten angstgeweitete Augen zu ihren Gunsten als Begehren und sie wusste, was sie erwartete, schließlich hatte sie das Spitzenhöschen und den dazu passenden BH an und war frisch gebadet, rasiert und eingecremt. Tobias wusste es auch und fiel ziemlich ungeniert über sie her nach wenigen Minuten Anstandskonversation unter dem Ikeabild der Skyline von New York, fragte nicht mal, ob er ein Kondom benutzen sollte. Klar nahm sie die Pille, aber wer wusste schon, ob die Geschichte von der jahrelangen Treue zu seiner Ex-Freundin stimmte. Dennoch sagte sie kein Wort, war verstummt und fühlte sich wie gelähmt. Schon ihr erster Freund mit 14 konnte sein Glück kaum fassen, dass sie seine Hand nicht wegschob im dunklen Kinosaal und er mit dem Finger in sie eindringen und nach Lust und Laune mit ihren Brüsten spielen durfte. Sie sei anders als andere Mädchen, hatte er gemeint und sie wusste nicht, wovon er sprach. Hatte es einfach als Kompliment aufgefasst, als was es auch gemeint war. Manchmal knutschte sie mit Typen in Nachtclubs, über die sie vorher mit Freundinnen gelästert hatte, wie abstoßend war denn der und der und sie zogen sie hinterher weg von ihnen und schauten sie ungläubig an. War sie denn verrückt geworden?

Sie mochte Tobias' Geruch nicht und sein eifriges, glückliches Gesabber auf ihrer Haut ertrug sie kaum. Sie sah sein heftig baumelndes Kreuz vor ihren Augen, ihr wurde leicht übel, scheinheiliges Arschloch, sie blickte an die Decke, dachte an alles, was sie morgen in der Arbeit erledigen musste und schloss dann die

Augen, während ihr Körper mechanisch kam und sie nur noch kurz warten musste, bis es vorbei war.

Danach ging er schnell und sie duschte sich gründlich und lange, froh, wieder allein zu sein. Sie fühlte sich leer, aber auch zufrieden, nun war es mal wieder getan und sie hätte hoffentlich eine Weile ihre Ruhe. Es war doch klar, dass er nur schnellen Sex wollte und bald die Nächste aufreißen würde, vermutlich würde er sich gar nicht mehr melden.

Seine Nachricht las sie mit gemischten Gefühlen, es klang nicht so, als ob sie ihn bald loshätte, im Gegenteil, er schien sie wirklich zu mögen. Als ihre Freundin Anne später anrief, erzählte sie von dem Typen, sie wisse noch nicht so recht, vielleicht noch mal treffen wäre ok, mal sehen.

Sie legte sich ins Bett und konnte nicht schlafen, sie dachte an ihren neuen Verehrer, den sie nicht mehr sehen wollte und irgendwie doch. Sie war wütend, aber auf wen? Auf sich selbst vor allem, warum verdammt konnte sie nicht einfach allein bleiben, was in ihr machte sie so anfällig für Männer wie Tobias, wieso ließ es sie jede Würde vergessen und sich hergeben, für das bisschen Nähe, sie hasste sich für ihre Bedürftigkeit. Sie hatte Rückenschmerzen, so angespannt waren Schultern und Nacken, und Kopfschmerzen, ihr Herz klopfte zu schnell, was sie aber nicht weiter beachtete. Schließlich drehte sie sich auf ihre linke Seite, zog die Knie an die Brust und fing an, sich hin und her und in den Schlaf zu wiegen, ihren geliebten Teddy aus Kindheitstagen fest im Arm.

Montag I

Sie fühlte sich anders als sonst, als sie ihr Büro betrat und die Kollegen begrüßte. Erst mal Kaffee trinken und vom Wochenende erzählen. Sie erfand Harmloses, mit einer Freundin spazieren gewesen, was Trinken gegangen, und fühlte sich strahlend und überlegen. Wenn diese langweiligen Bürotypen wüssten, dass sie frisch verliebt war. Heute früh hatte ihr Tobias noch eine schöne Woche gewünscht, liebevoll dachte sie an ihn und wie sehr sie sich wünschte, ihn bald wiederzusehen.

Sie hatte nach dem BWL-Studium im Controlling einer mittelständischen Firma angefangen, die Arbeit war in Maßen anspruchsvoll und schnell Routine, aber genau richtig für sie. Sie hatte noch während des Studiums nicht gewusst, was sie beruflich machen wollte, hatte sich danach eher lustlos auf verschiedenste Sachbearbeiterpositionen beworben und konnte sich in den Vorstellungsgesprächen schlecht verkaufen, wusste wenig zu ihren Stärken und Schwächen zu sagen und was eigentlich ihre Ziele im Leben seien. Im Grunde war sie überzeugt davon, eh nichts gut zu können und das erste Jobangebot nahm sie an, viel Schreibtischarbeit. Sie mochte es nicht, Präsentationen zu halten und in Meetings zu reden und war froh, ihre Excel-Tabellen abarbeiten zu können. Bei den Kollegen war sie beliebt und akzeptiert, man konnte jederzeit zu ihr kommen und sie um etwas bitten, sie schlug nie etwas ab, war freundlich und zuvorkommend und lachte über die dreckigen Witze der älteren Herren.

Als ihr Chef eines Tages in ihr Büro kam und ihre Körbchengröße schätzte, schlug sie nur züchtig die Augen nieder, lächelte und tat, als wäre nichts gewesen. In einem Meeting mit dem IT-Support war sie die einzige Frau und sah, genau wie die anderen Männer, die Pornobilder als Bildschirmschoner auf dem Rechner des IT-Mitarbeiters laufen. Keiner sagte etwas, sie sprachen über die anstehenden Projekte, sie lächelte freundlich und kumpelhaft, sie konnte schließlich auch Spaß verstehen und stellte sich nicht so an. Beim Essen in der Kantine anschließend plauderten sie über Politik und Fußball, sie zeigte sich interessiert und diskutierte mit.

Nach der Arbeit gingen sie manchmal zusammen bowlen oder etwas trinken, sie fühlte sich wohl im Team und war anerkannt für ihre sorgfältige und fleißige Art, ihre Arbeit zu erledigen. Sie konnte sich keinen besseren Arbeitsplatz wünschen und war dankbar, dass es ihr so gut ging in der Firma. Mit brennenden Augen fuhr sie abends nach Hause, zufrieden nach einem arbeitsreichen Tag vor dem Bildschirm, ging noch schnell etwas einkaufen und machte sich ein Brot zu Hause, das sie vor dem Fernseher aß. Sie las, dass ihr neuer Freund sich sehr nach ihr sehne, und antwortete ihm freudig, dass es ihr genau so gehe und dass sie ihn gerne wiedersehen wolle. Er habe viel Arbeit diese Woche, aber vielleicht am Donnerstag für ein Stündchen? Bei ihr? Sehr gerne.

Montag II

Sie fühlte sich anders als sonst, als sie ihr Büro betrat und die Kollegen begrüßte. Sorgfältig hatte sie heute Morgen ihre Kleidung ausgesucht, eine weiße, unschuldige Bluse. Ihr Kleiderschrank quoll über und von manchen Sachen wusste sie gar nicht mehr, wann und wo sie sie gekauft hatte, so auch diese Bluse, die noch ungetragen da wohl schon eine Weile hing. Ihre Scheide brannte noch von gestern, hoffentlich hatte sie sich nichts geholt und sie fühlte sich wie zerschlagen. Wenn das die Kollegen wüssten, diese Ekelpakete, sie wollte nicht wissen, was die sich oft vorstellten und an was sie sich aufgeilten, auch wenn sie dies leider des Öfteren mit ihr teilten. Was sie da manchmal über sich ergehen lassen musste an deftigen Witzen und Bildern, es war demütigend und innerlich raste sie oft vor Wut. Der Typ von gestern hatte sich auch noch mal gemeldet und ihr eine schöne Woche gewünscht, sie hatte fast Lust, ihr Handy in die Ecke zu schmeißen, wenn sie seinen Namen mit diesem Scheißherzchen dran aufleuchten sah. Nun diese Arschgesichter im Büro. Und zu allem Übel stand heute ein Meeting bei der IT in ihrem Kalender.

Die Arbeit hatte sie gefunden wie so manchen Mann – nach dem Motto „Da will mich einer, da sag ich nicht nein". Auch das BWL-Studium hatte sich eher so ergeben, sie wusste zwar, was sie nicht wollte, aber nicht was sie wollte und am Ende war nur das übriggeblieben. Der Job war an sich nicht schlecht, wenn nur das ungute Gefühl im Magen nicht wäre, mit dem sie in die Arbeit ging. Das Gehetze, wenn ein Abgabetermin anstand, der Druck vom Chef, irgendwas zu liefern, was ihn dann eh nicht richtig interessierte oder passte, der unangenehme Gedanke, dass sie ihr eines Tages auf die Schliche kommen würden, merken würden, dass sie eigentlich nichts konnte, dass sie einen Fehler gemacht hatte. Überhaupt: die Fehler, nachts wachte sie oft schweißgebadet auf, weil ihr einfiel, was sie am nächsten Tag unbedingt sofort korrigieren und noch mal überprüfen müsste. Tagsüber war die Angst besänftigt durch ständiges Tun, fleißig saß sie da und ging unermüdlich ihre Listen durch, jede Zahl wurde 3mal gegengerechnet und abends ging sie mit Kopfschmerzen und erschöpft nach Hause. Wenn sie ihren Block durchsah mit den Mitschriften aus den Besprechungen, fiel ihr manchmal auf, dass sie völlig unterschiedliche Handschriften hatte an verschiedenen Tagen, mal nach links geneigt, mal nach rechts, mal ordentlich, mal völlig chaotisch. Aber das war sicher bei allen Menschen so, an manchen Tagen fühlte man sich eben anders.

Wenn sie nur mit männlichen Kollegen in einem Raum war, erstarrte sie jedes Mal und hoffte, sie würden sie in Ruhe lassen. Ein älterer Mann aus der Buchhaltung irritierte sie besonders, wenn sie ihn auf dem Flur traf, ängstlich lugte sie aus ihrer Tür, bevor sie auf die Toilette ging und konnte es manchmal trotzdem nicht vermeiden, ihm zu begegnen. Sein Gang, sein Blick, sie wusste nicht, was es war, aber der Tag war gelaufen. Beschwichtigend lächelte sie, harmlos, „Tu mir nichts". Am schlimmsten war es bei Meetings im Büro des IT-Supports, lauter übergewichtige nerdige Typen, die Pornobilder als Bildschirmschoner laufen hatten, während sie im echten Leben sicher nie eine Frau aus der Nähe zu Gesicht bekamen, außer sie bezahlten dafür. Dazu noch die schlechten Witze: „Kommt eine Frau mit zerrissenen Kleidern nachts im Park aus den Büschen, völlig fertig und weinend, und spricht einen Spaziergänger an, ob er ihr helfen könne, sie sei gerade vergewaltigt worden. Natürlich, sagt der, nur ist heute leider nicht Dein Tag, macht seine Hosentür auf und packt sie erneut". Schallendes Gelächter. Ihr wurde übel und sie war heilfroh, wenn sie den Raum verlassen konnte. Beim Mittagessen in der Kantine brachte sie kaum einen Bissen herunter.

Sie war froh, wenn Feierabend war und niemand sie fragte, ob sie noch etwas trinken gehen wollte. Erleichtert verließ sie das Gebäude, fühlte sich innerlich leer, wieder ein sinnloser Tag mit Sinnlosem verbracht, andererseits wusste sie nicht, was sie lieber machen wollte und sie verdiente immerhin genug Geld damit, um sich eine kleine Wohnung und ein Auto leisten zu können. Allein schon bei dem Gedanken an Kündigung oder Jobwechsel kroch unbeherrschbare Angst in ihr hoch, sie könnte arbeitslos werden, ihre Wohnung verlieren, von was sollte sie leben später, im Alter würde sie Mülltonnen vor Supermärkten durchwühlen, nein, lieber bleiben wo sie war, wenigstens war es sicher hier. Sie gönnte sich noch ein schickes Oberteil im Laden neben dem Supermarkt, sie sah sich selbstbewusst darin auftreten, anders als sonst, ihr mangele es an Selbstvertrauen wurde ihr oft gesagt, bevor sie zu Hause zu Abend aß, allein vor dem Fernseher. Sie war froh, ihre Ruhe zu haben und auch ihr neuer Verehrer kündigte sich erst wieder für Donnerstag an. Wahrscheinlich hatte er eine Beziehung und seine Tussi war an dem Abend beim Yoga oder ähnliches. Umso besser, dann war sie nur sporadisch für seine sexuelle Befriedigung zuständig, von ihr aus könnte das auch ganz wegfallen. Verdammt, wenn sie es nur besser aushalten könnte, allein zu sein, wieso musste es in regelmäßigen Abständen immer wieder zu so was kommen. In ihrer Jugend hatte sie Sartre gelesen. „Die Hölle, das sind die anderen." Das stimmte wohl, aber sie waren es vor allem deshalb, weil man sie ließ; die Hölle, das war man selbst, wenn man sich nicht wehren konnte, nicht „Nein" sagen konnte. Ihr Körper war wie ein Haus, in dem die Türen und Fenster gestohlen worden waren und jeder der wollte, jede marodierende Räuberbande konnte es nach Belieben betreten und darin hausen. Allerdings war dieses Haus nicht mehr bewohnt, stand leer, wo war sie bloß? Sie trieb in ihrem Leben dahin und ließ alles mit sich geschehen, verflucht, in manchen klaren Momenten wusste sie, dass sie etwas verändern musste, aber was und wie?

Der Einzug I

Drei Wochen und einige Besuche in ihrer Wohnung später kam er mit einem großen Koffer und zwei Sporttaschen bepackt und zog vorübergehend bei ihr ein. Sie hoffte, er würde für immer bleiben und nicht nur, bis seine Ex-Freundin endlich die Wohnung geräumt hätte. Verständlich, dass die Ex es nicht wahrhaben wollte und immer noch hoffte, er würde es sich anders überlegen. Sie war so glücklich, dass er sich für sie entschieden hatte und wollte ihm eifrig beweisen, dass er sich nicht geirrt hatte.

Erst schien er noch etwas traurig nach der Trennungsszene mit vielen Tränen und Vorwürfen. Sie hörte ihm verständnisvoll zu, während sie langsam seine Hose öffnete und anfing, seinen Schwanz sanft zu streicheln, bevor sie ihm schließlich hingebungsvoll einen blies. Er entspannte sich zusehends und es machte sie heiß, ihn so klein und zuckend in der Hand beziehungsweise im Mund zu haben, ihr völlig ergeben und ausgeliefert. Sie war für ihn da, ihm zu Diensten, er würde es nicht bereuen, die blöde Kuh verlassen zu haben. Sie würde besser sein als sie, in allen Bereichen, immer.

Später, als sie im Bad vor dem Spiegel stand, nackt nach der Dusche, kam er rein und drückte ihr sein steifes Glied in den Rücken, bevor er sie mit einigen schweren Stößen nahm und fast sofort kam, ihre Brüste in seinen Händen zugedrückt und ihr ins Ohr murmelte, wie sehr er sie liebe, in ihr Stöhnen hinein, mit dem sie ihren eigenen Höhepunkt anzeigte. Sie fühlte sich geliebt und begehrt wie selten in ihrem Leben, er konnte nicht genug bekommen von ihr, immer und immer wieder, zu jeder Tages- und Nachtzeit hatte er erneut Lust auf sie und sagte ihr unablässig, wie schön sie sei, was für eine tolle Frau.

Sie feierten seinen Einzug mit einer Flasche Sekt und bestellten beim Vietnamesen was zu essen, gefolgt von einer Flasche Wein und einem Telefonat mit seiner Ex nach und vor leidenschaftlichem Sex. So hatte sie sich das wirkliche Leben vorgestellt, endlich war auch sie Teil davon. Sie schlief in seinen Armen ein und wachte von seiner Erektion und seinem keuchenden Atem in ihrem Nacken wieder auf. Endlich war sie nicht mehr allein.

Der Einzug II

Drei Wochen und einige unerfreuliche Besuche in ihrer Wohnung später kam er mit einem großen Koffer und zwei Sporttaschen bepackt und zog vorübergehend bei ihr ein. Seine Ex-Freundin wohne ja noch bei ihm und überhaupt sei sie erst seit heute wirklich seine Ex, davor hatte sie schon etwas geahnt und ihn mit plötzlich wiederentdeckter Paarungsbereitschaft zum Bleiben überreden wollen. Das habe er sich ja wirklich nicht entgehen lassen können. Widerling. Und was sollte sie nun mit ihm hier anfangen, keinen Raum mehr für sich, Panik stieg in ihr auf. Die Wohnung war zu klein für 2, nur ein Schlafzimmer und ein Wohnzimmer mit winziger Einbauküche, mit Tobias' Sachen war alles voll. Hilfe.

Was er von der Trennungsszene erzählte, erregte kein Mitleid in ihr und überhaupt, was interessierte sie das. Ihn mit der Hand zu trösten wäre noch ok gewesen, aber seinen Schwanz zu lutschen ekelte sie, hilflos sah sie sich selbst zu. Schon das erste Mal fand sie es furchtbar, mit 6 Jahren, als ihr Onkel ihren Kopf nach unten drückte und ihr dann einen leichten Schlag gab, weil sie ihm mit ihren Zähnen wehtat, bevor er ihr erklärte, wie sie die Lippen über die Zähne ziehen sollte und dann ansaugen. Die Kiefer taten ihr weh und der Geschmack nach Sperma und Urin blieb ihr noch tagelang im Mund, die gekräuselten Schamhaare vor den Augen kamen immer noch im Traum wieder, wie auch ihr Onkel im wirklichen Leben, ein massiger Mann, vor dem sie große Angst hatte. Als sie es ihrer Mutter erzählen wollte, würgte diese sie schnell ab, sie hätte sich das alles nur eingebildet und sie würde keine Lügen über ihren Bruder dulden. Aber gelernt war gelernt, nun tat sie das, was sie gut konnte und es verfehlte seine Wirkung nie, die Männer liebten sie dafür.

Danach ging sie ins Bad duschen, sie fühlte sich schmutzig und spülte sich endlos den Mund aus. Sie trat aus der Dusche und trocknete sich ab, stand lange vor dem Spiegel und schaute sich an, angeekelt von sich selbst, dem weißen Fleisch, dem Speck an Bauch und Oberschenkeln, die leeren Augen, fragend, wer war sie eigentlich? Hass stieg in ihr auf. Sie zuckte erschrocken zusammen, als er die Tür öffnete, sie hatte wohl vergessen, abzuschließen und als sie sein steifes Glied im Rücken spürte, wand sie sich innerlich, nicht schon wieder, am besten war, es schnell hinter sich zu bringen, ihn schnell zu erregen und zum Orgasmus zu bringen, in dem sie ihren Arsch fest gegen sein Becken drückte, schwer atmete und schon kam er in ihr, kaum dass er sie genommen hatte. Schnell tat sie so, als wäre sie gleichzeitig zum Höhepunkt gekommen, nicht dass er danach noch auf die Idee käme, er müsste sie mit der Hand weiter befriedigen. Er kam sich sicher vor wie der tollste Hengst, unwiderstehlich, sie hätte kotzen können. Angewidert sah sie sich im Spiegel an, die grelle Beleuchtung ließ ihre Haut rötlich und fleckig aussehen, zu dick fand sie sich ohnehin.

Gierig trank sie mehr als die halbe Flasche Sekt, mit der sie seinen Einzug feierten und schlug nach dem Essen vor, noch einen Wein zu öffnen. Der Sex machte dann fast Spaß, und sie hörte nur noch mit halbem Ohr, wie er zwischendrin mit seiner Ex telefonierte und war erleichtert, kurz ihre Ruhe zu haben. Hoffnung blitzte auf, er würde doch zu ihr zurückkehren, die Alte schien völlig hysterisch zu sein und zu allem bereit, um ihn wieder zu bekommen. Doch da war er schon wieder, auf ihr und in ihr, erfreute sich an ihrem Körper und ihrer Willenlosigkeit, und sie hatte irgendwann genug getrunken, um einzuschlafen, aber nicht genug, um nicht angewidert aufzuwachen, als er wieder Lust hatte und sie ihm wieder zur Verfügung stand. Sie wollte nichts mehr, als allein zu sein.

Mädelsabend I

Beim nächsten Treffen mit ihren 5 Freundinnen aus der Studienzeit waren sie und ihr neuer Freund Gesprächsthema Nummer 1, was sie sehr genoss. Endlich konnte sie mal mitreden und nicht nur das; bei den anderen passierte gerade gar nichts Aufregendes mehr in den langjährigen Beziehungen, so dass sie viel erzählte von Tobias, was sie alles unternahmen, dass sie es schön fand, dass er erst Mal bei ihr wohnen würde. Sie verstand nicht, warum Susanne so genau nachfragte, ihr gehe es super mit ihm und der Situation. Sie fühlte sich immer etwas unsicher ihr gegenüber, sie hatte schließlich Psychologie studiert und sah sie manchmal so komisch fragend an. Sie lächelte breit zurück.

Sie freute sich, mit den Freundinnen zusammen zu sein und Prosecco zu trinken, zu ratschen und zu lästern über Abwesende. Sie planten den nächsten Shoppingtag und das nächste Wellnesswochenende zusammen, beides waren eingespielte Rituale in ihrer Freundschaft, in der sie sich so gut fühlte. Die anderen sprachen viel über Dinge wie „Etwas tun für sich selbst" und positives Denken. – Sie hörte aufmerksam zu, auch wenn sie dazu nichts beitragen konnte.

Beschwingt ging sie nach Hause und fand sich in Tobias' Armen wieder, dem sie noch kurz von dem schönen Abend erzählte, bevor sie sich leidenschaftlich liebten. Mit einem „Gute Nacht Schatz" drehten sie sich dann den Rücken zu und sie schlief bald ein.

Mädelsabend II

Beim nächsten Treffen mit ihren 5 Freundinnen aus der Studienzeit standen sie und ihr neuer Freund im Mittelpunkt, was ihr eher unangenehm war. Sie hoffte, ihn nie in diesem Kreis vorstellen zu müssen, ihr war es fast peinlich, so einen Angeber zum Freund zu haben. Neugierig löcherten die anderen sie und sie wand sich, was ihr an ihm gefiele, wusste sie nicht so recht. Und dass er bei ihr wohnte, na ja, wirklich nur vorübergehend. Fast genoss sie trotzdem die Aufmerksamkeit, normalerweise hörte sie eher still den Gesprächen der anderen zu, die auch oft etwas ohne sie unternahmen, sich unter Pärchen einluden oder zu zweit nur mit der besten Freundin. Sie hatte keine beste Freundin in diesem Kreis und fühlte sich nach den Treffen oft einsamer als davor. Dennoch versuchte sie, fröhlich zu wirken, den Eindruck zu erwecken, als ginge es ihr gut, als hätte sie alles im Griff, sie hätte auf Nachfragen auch nicht gewusst, was sie sonst sagen sollte. Eigentlich wusste sie gar nicht, ob sie mit den anderen befreundet sein wollte, ob sie sie überhaupt sympathisch fand, so glatt und brav und perfekt wirkten sie, über was sollte sie mit ihnen schon reden. Die Leben ihrer Freundinnen wirkten so wohlgeordnet, rund und vollständig in ihren Augen, während ihres aus unzusammenhängenden Einzelteilen zu bestehen schien. Unvorstellbar, ihnen einen Einblick in ihr inneres Chaos zu gewähren, in dieses gähnende schwarze Nichts. Susanne, die Psychologie studiert hatte, sah sie manchmal so komisch fragend an, sie hoffte inständig, dass sie nicht ahnte, wie es in ihr aussah. Na ja, brav und unschuldig wirkte sie ja sicher auch nach außen hin, das bekam sie öfter zu hören und verstand nicht so genau, was die Leute in ihr sahen. Auf einer Uniparty sagte ihr ein sturzbetrunkener, schottischer Erasmusstudent auf den Kopf zu, dass sie es sicher noch nie getrieben hätte. Zwei Stunden später versuchte sie ihn im Bett eines Besseren zu belehren, aber er war zu besoffen, um noch irgendetwas mitzukriegen.

Manchmal fragte sie sich, wie sie überhaupt in die Gruppe geraten war und fühlte sich fremd, wollte aber gleichzeitig so gern dazugehören, dass es schon fast weh tat. Sie wollte so gern normal sein, wie alle waren, sagte auch immer die Sätze, die wohl erwartet wurden, mechanisch und lächelte dazu und wollte ihnen allen manchmal vor die Füße kotzen. In ihr war nichts normal, aber sie wusste auch nicht, was in ihr war. – Im Grunde vor allem nichts. Ihr wurde gesagt, sie würde mit zu wenig Selbstvertrauen auftreten, aber in was sollte sie Vertrauen haben? Sie spürte kein Selbst. Manchmal dachte sie, dass sie nur eine Fassade aufrechterhielt, hinter der ein Abgrund gähnte, Leere, Nichts. Auch mit Anne, ihrer ältesten Freundin aus Kindertagen, erging es ihr ähnlich. Sie hörte ihr gern zu, Anne erzählte viel, aber sie wusste nichts über sich selbst zu sagen.

Wenigstens der Prosecco floss reichlich an solchen Abenden, das machte das Ganze etwas erträglicher. Sie besprachen Termine und Locations für Shoppingtouren und das nächste Wellnesswochenende. Ayurvedisch und mit Yoga wäre gut, eine Freundin sprach ständig davon, wieder ihre Mitte zu finden. Was meinte sie wohl damit? Vielleicht plapperte sie auch nur Sätze aus ihren Selbsthilfebüchern und Zeitschriften zur glücklich machenden Selbstoptimierung nach, positives Denken und so. Dass man sich in seinem Körper wohlfühlen sollte, stimmte sicher, sie fühlte sich ja nicht unwohl, aber eigentlich fühlte sie gar nichts vom Hals abwärts, es sei denn, sie hatte Schmerzen. Eine hatte ein Buch gelesen, über das innere Kind, das Heimat finden müsse. – Was das wohl bedeuten sollte? Sie selbst hatte so was nicht nötig, fand sich in diesem Psychokram gar nicht wieder. Und Yoga machte sie aus unerklärlichen Gründen furchtbar aggressiv, sie vermied es lieber, dahin zu gehen.

Sie war froh, als der Abend vorbei war und gleichzeitig traurig. Es war, als wäre nur ihre Vorzeigehülle anwesend gewesen, hinter der keiner sehen konnte, wie es ihr wirklich ging, sie selbst am allerwenigsten. Sie verspürte eine Sehnsucht, gesehen zu werden und tat gleichzeitig alles, sich zu verstecken. Auf dem Heimweg kroch ein Gefühl von Scham in ihr hoch, sie überlegte, was sie alles gesagt hatte und wie blöd das und das gewesen war. Wie gern wäre sie nun allein gewesen in ihrer Wohnung, aber das Unausweichliche musste sie noch hinter sich bringen. Tobias war noch nicht nach Schlafen zumute. Wenn er auf ihr lag, hatte sie immer das Gefühl, keine Luft mehr zu kriegen und wurde völlig panisch, sie hasste deshalb die Missionarsstellung, andererseits konnte sie da am einfachsten abschalten und es über sich ergehen lassen. Er kam nun nicht mehr so schnell wie am Anfang, sondern brauchte etwas länger; sie versuchte, mit gezielten Beckenbewegungen nachzuhelfen und endlich war er fertig und sie konnte ihm den Rücken zudrehen. Sie starrte noch eine Weile in die Dunkelheit und spürte, wie ihr Tränen hochstiegen. Sie verstand nicht, was los war und schlief schließlich ein.

Zusammen 1

Tobias wohnte weiterhin bei ihr und ihr gemeinsames Leben hatte sich gut eingespielt. Wenn er sie fragte, wie es ihr ging, sagte sie „Gut", es ging ihr ja auch bestens, sie war glücklich mit ihm. Sie unternahmen viel abends, gingen Essen, ins Kino, ließen es sich gutgehen.Am Wochenende machten sie Ausflüge, Städtereisen, und gingen in Museen, schöne Hotels. Er trug sie auf Händen und sie hätte keinen besseren Platz für sich gewusst. Endlich führte sie das Leben, von dem sie immer geträumt hatte. Er konnte manchmal etwas aufbrausend sein, wenn Dinge nicht so liefen, wie er sich das vorgestellt hatte, vor allem, wenn etwas kaputt gegangen oder beschädigt war. Sie antwortete dann mit sanfter Stimme und er beruhigte sich schnell wieder. Sie nahm sich fest vor, besser aufzupassen und ihn nicht mehr zu verärgern. Glücklicherweise war er nicht lange sauer und sie versöhnten sich jedes Mal schnell wieder bei einer Flasche Wein. Er schenkte ihr eine Marienmedaille, er war ein gläubiger Mensch und sagte ihr, dieses Symbol bedeute ihm sehr viel, genau wie sie.

Anne wollte ihn kennenlernen und so lud sie ihre Freundin zu einem Abendessen ein. Sie kochten gemeinsam und unterhielten sich, nach der ersten Flasche Wein ging es auch recht lustig zu. Wie schön, dass die beiden sich verstanden, sie waren schließlich die wichtigsten Menschen in ihrem Leben. Nur das teure Weinglas von Tobias hätte sie nicht kaputtmachen dürfen, wie ungeschickt sie aber auch jedes Mal war, vor allem wenn Besuch da war und sie etwas aufgeregt war.

Kurz darauf wollte er seine Kumpels in ihre Wohnung einladen und bat sie, den Abend bei einer Freundin zu verbringen. Das verstand sie gut, schließlich brauchte er auch mal seine Ruhe. Leider konnte sie nicht so lange bei Anne bleiben, weil diese am nächsten Tag früh arbeiten musste. Fast schüchtern betrat sie um 23:00 Uhr ihre Wohnung und sagte kurz Hallo, wollte danach ins Schlafzimmer gehen. Tobias und seine Freunde sahen einen

Film an, sie schienen gut gelaunt nach ein paar Bier und er zog sie sofort an sich. Seine Freunde verabschiedeten sich dann schnell und ließen Rauch- und Biergestank zurück, mit leeren Schachteln des Pizzalieferdienstes. Er würde morgen aufräumen, was ja in Ordnung war, es störte sie nicht weiter.

Sie schliefen nicht mehr so oft miteinander wie am Anfang, und sie machte sich Sorgen, ob er sie vielleicht nicht mehr begehrenswert fand oder allgemein das Interesse an ihr verlor. Sie war sicher keine interessante Gesprächspartnerin, wusste oft nicht, was sie sagen sollte, war nicht besonders witzig und kannte keine lustigen Geschichten. Ängstlich sah sie auf Feiern, wie er mit anderen Frauen schäkerte und lachte. Nur wenn sie beide genügend getrunken hatten, schienen sie sich wieder gut zu verstehen. Sie versuchte, ihn danach im Bett zu verwöhnen und es lohnte sich, wenn er sie in die Arme schloss und ihr sagte, dass er sie liebte.

Sie freute sich, wenn er eifersüchtig reagierte, wenn sie manchmal mit ihren Teamkollegen allein wegging. So zeigte er ihr schließlich, dass ihm wirklich etwas an ihr lag.

Zusammen II

Tobias wohnte weiterhin bei ihr, natürlich, der faule Sack tat nichts, um in die Pötte zu kommen, seine Ex rauszuschmeißen oder sich selbst etwas anderes zu suchen. Ihr gemeinsames Leben hatte sich eingespielt, erstaunt stellte sie nun manchmal fest, dass sie ihn vermisste, wenn er nicht da war. Seine Sachen lagen überall verstreut in der Wohnung rum, was sie einerseits nervte, aber andererseits auch mit Behagen erfüllte, so als wäre ihre aufgeräumte Wohnung vorher zu leer gewesen, unbewohnt, und nun schien mit den bunten Farbklecksen Leben eingekehrt. Wenn er sie fragte, wie es ihr ging, sagte sie „Gut", was ja auch stimmte, na ja, meistens jedenfalls, solange sie nicht allein mit ihm in ihrer Wohnung war und solange sie nicht allein in der Wohnung war, ohne ihn. Beides war schwer erträglich. Es war, als hätte sein Einzug eine Leere gefüllt, auch eine innere, ein Fehlen von einem Gefühl, was sie gerade wollte und brauchte und nun gab es jemanden, der den Rhythmus vorgab, das Tempo, die Ideen, alles füllte mit seinen Wünschen. Wenn sie allein war, wusste sie nun nichts mehr mit sich anzufangen und wenn er da war, machte es sie unruhig, was er wohl als nächstes vorschlagen würde, wozu sie selten Nein sagen konnte. Er war sehr aktiv und sie unternahmen viel abends, gingen Essen, ins Kino, ließen es sich gutgehen, tranken teure Weine, Champagner in rauen Mengen, am Wochenende Ausflüge, Städtereisen, Museen, schöne Hotels, sie genoss das Leben, das sie bisher wie von außen bei allen anderen beobachtet hatte. Sie fühlte sich ihm unterlegen dabei, er hatte so viel mehr Erfahrung als sie, war schon als Kind viel gereist, sie kam sich oft dumm vor, unerfahren. Ihm schien das nichts auszumachen, im Gegenteil, er erklärte ihr bereitwillig die Welt und das Leben, und sie hätte ihm oft ins Gesicht schlagen mögen dabei, so unerträglich überzeugt von sich selbst schien er. Manchmal brüllte er aus heiterem Himmel los, warum sie einen Fleck in sein Hemd gemacht hätte, dabei hatte sie das Teil überhaupt nicht in der Hand gehabt, wie kam er darauf? Wenn ihm etwas nicht passte, musste er sofort einen Schuldigen finden, den er anpampen konnte und das war nie er selbst. Etwas in ihr verkroch sich bei seinem scharfen Ton, wollte unsichtbar sein, sie senkte den Blick und sprach beschwichtigend, rechtfertigte sich für etwas, das sie gar nicht getan hatte. Sie zuckte zusammen, wenn er schnelle Bewegungen machte, ins Zimmer kam, ohne dass sie seine Schritte gehört hatte. Dennoch bekam sie auch mehr Respekt vor ihm, versuchte es ihm recht zu machen, es hatte auch etwas Erleichterndes, Lustvolles, alle Entscheidungen ihm zu überlassen, was wollte er essen, welche Filme wollte er sehen, wann und wie oft wollte er Sex? War das Liebe, was sie verspürte, wenn sie leicht und willig an seiner Seite war, aufsprang, wenn er etwas vorschlug, ihn verwöhnte, wann sie konnte. Leider hatte sie nie richtig gelernt zu kochen, das bereute sie nun, aber sie gingen oft in Restaurants. Er schenkte ihr eine Marienmedaille, obwohl sie ihm gesagt hatte, dass sie mit Religion nichts am Hut hatte. Widerwillig legte sie sie an, und trug sie fortan immer, es fühlte sich wie ein Schutz an, sie wollte gut sein in seinen Augen. Und nach jedem Streit kam er auch schnell wieder zu ihr und sie versöhnten sich bei einer Flasche Wein. Es war, als könne er sie erlösen von der Wertlosigkeit, die sie in sich trug, durch seinen Blick auf sie, seine Anwesenheit. Es war alles gut und nichts war gut.

Anne wollte ihn kennenlernen und so lud sie ihre Freundin zu einem Abendessen ein. Sie konnte auf den ersten Blick sehen, dass Anne ihn nicht ausstehen konnte. Er servierte einen Aperitif, was eine gute Idee war, um die gezwungene Unterhaltung etwas aufzulockern. Sie merkte, wie sie immer nervöser wurde. Was Anne wohl dachte? Hoffentlich sah sie die Marienmedaille nicht, die sie an einer extra langen Kette unter ihrem Pullover versteckt hatte. Die beiden Frauen gingen in die Küche, um das Essen vorzubereiten. Anne bemerkte spitz, dass ihre Wohnung ja nicht mehr wiederzuerkennen sei, man würde nun nicht mehr sehen können, dass sie überhaupt darin wohne. Sie wurde traurig und wusste nicht, was sie darauf sagen sollte. Anne wirkte immer so selbstsicher, ihr würde so was nicht passieren. Beim Essen wurde die Stimmung nach einer Flasche Wein glücklicherweise etwas besser, Tobias erzählte lustige Geschichten und sie lachten höflich. Als Tobias die zweite Flasche öffnete, stieß sie blöderweise eins seiner teuren Weingläser um und er brüllte sie vor Anne an, wie grob und ungeschickt sie sei, könne sie nicht einfach mal aufpassen? Sie senkte die Augen und schämte sich unendlich vor ihrer Freundin, leise murmelte sie eine Entschuldigung. Am liebsten hätte sie ihm ins Gesicht geschlagen und ihn getreten, sie so zu demütigen, und hätte ihn danach aus der Wohnung geworfen. Sie wurde rasend wütend auf sich selbst, sie war schuld an allem, wen hatte sie da bloß in ihr Leben gelassen?

Kurz darauf wollte er seine Kumpels in ihre Wohnung einladen und bat sie, den Abend bei einer Freundin zu verbringen. Wieso wollte er sie nicht dabeihaben? Und wieso ließ sie sich das gefallen? Es war schließlich ihre Wohnung. Widerwillig ging sie zu Anne, nur leider konnte sie nicht so lange bei ihr bleiben, weil diese am nächsten morgen früh arbeiten musste. Fast schüchtern betrat sie um 23:00 Uhr ihre Wohnung und sagte kurz Hallo, wollte danach ins Schlafzimmer gehen. Tobias und seine Freunde sahen einen Film an, sie schienen gut gelaunt nach ein paar Bier und er zog sie sofort an sich. Angewidert schaute sie auf den Bildschirm, ein französischer Film, künstlerisch wertvoll zweifellos, der eine Gruppenvergewaltigung zeigte, der Frau waren die Augen verbunden und sie stöhnte nur noch leise, schicksalsergeben und halbtot. Ihr wurde schlecht und sie verließ das Wohnzimmer, schloss sich im Bad ein. Seine Freunde verabschiedeten sich dann schnell. Sie selbst kam erst wieder aus dem Bad, als sie die Tür zuschlagen hörte. Die Männer ließen Rauch- und Biergestank zurück, mit leeren Schachteln des Pizzalieferdienstes. Ihr Magen rebellierte immer noch. Er würde morgen aufräumen, jaja, sie wusste genau, dass sie es tun würde. Sie fing an, ihn zu hassen und gleichzeitig auch sich selbst. Die Wohnung hatte sich in einen Saustall verwandelt, er putzte nie und ließ die Töpfe in der Küche stehen, bis der Inhalt anfing zu schimmeln. Oder bis sie es nicht mehr aushielt und es selbst machte.

Sie schliefen nicht mehr so oft miteinander und sie war froh jedes Mal, wenn sie ihre Tage hatte und gleichzeitig auch besorgt, ihn nicht zufriedenzustellen. Sie hatte sich doch so gewünscht, er würde nicht lange bleiben und nun war sie sich gar nicht mehr so sicher. Ging es ihr nicht viel besser mit ihm? Aber was fand er überhaupt an ihr? Sie wusste oft gar nicht, was sie mit ihm reden sollte, war geistesabwesend und er musste sie manchmal 3 mal ansprechen, bevor sie überhaupt reagierte. Was ihn allerdings nicht störte, schließlich hörte er sich selbst gerne reden. Oft bekam sie nur seine Satzanfänge mit und dann nichts mehr, wusste allerdings an den richtigen Stellen zu nicken oder ihn zum Weiterreden zu ermuntern, es fiel ihm selten auf. Manchmal sagte er ihr danach, wie gern er sich mit ihr unterhielt und sie war fast verwundert, von wem sprach er? Sie war doch kaum da. Kein Wunder, dass er auf Feiern lieber mit anderen sprach, die etwas Lustiges erzählen konnten; sie sah ihn lachen und etwas wurde ganz klein und verloren in ihr – verlassen – und Kälte breitete sich aus. Sie schämte sich so, dafür wie sie aussah und wie sie war, langweilig, farblos, leise.

Je mehr sie versuchte, so zu sein, wie sie dachte, dass er sie haben wollte, desto mehr schien sie zu verschwinden, nicht mehr zu existieren und desto weniger schien er sie zu lieben, natürlich, und desto mehr versuchte sie, seinen Erwartungen zu entsprechen. Wie kam sie hier nur wieder raus? Nur wenn sie dann anfing, mit anderen Männern zu reden, stellte er sich sofort neben sie, legte seinen Arm um ihre Schulter und übernahm das Gespräch, so als wolle er sein Revier markieren und duldete kein anderes Männchen darin. Und wenn sie genügend getrunken hatte, vergaß sie ihre Sorgen und sie verstanden sich wieder bestens. Nach solchen Feiern, auf denen er ihr kaum Beachtung geschenkt hatte, nahm er sie dann wieder in den Arm, nachdem sie sich beim Sex große Mühe gegeben hatte, sagte ihr, dass er sie liebe. Dankbar kuschelte sie sich an ihn.

Sie freute sich fast, wenn er eifersüchtig reagierte, wenn sie manchmal mit ihren Teamkollegen allein wegging. Einmal wurde er nach einem solchen Abend richtig wütend, weil ihr Oberteil zu weit ausgeschnitten war. Den ganzen Abend hatten fremde Männer das Vergnügen gehabt, ihr auf die Titten zu glotzen, nun wollte er auch ran, wie er sagte, während er ihr die Kleidung runterriss. Sie wurde sauer auf ihn, vielleicht hatten ihr die Blicke der Kollegen tatsächlich wieder etwas mehr Selbstbewusstsein gegeben. Sie hatte den Eindruck, er wollte sie nur wieder in Besitz nehmen, wie einen Gegenstand, der ihm gehörte und sagte zum ersten Mal Nein, sie sei zu müde, hätte keine Lust gerade. Das stachelte ihn noch mehr an, grob machte er weiter, versuchte noch im Flur, sie an die Wand zu drücken und in sie einzudringen und während sie sich am Anfang noch wehrte, wurde sie plötzlich ganz still. Sie konnte sich am nächsten Tag nicht mehr erinnern, was danach passiert war, Tobias war aber sehr lieb zu ihr, weckte sie mit Küssen und machte das Frühstück. Ihr war den ganzen Tag kalt, sie fühlte sich wie nach einem Schlag auf den Kopf, leicht schwummrig und zittrig, konnte keinen klaren Gedanken fassen und auch nichts essen. Was war bloß los? Sicher hatte sie sich einen Virus eingefangen, in der Tat, nach zwei Tagen ging es ihr besser.

Tobias gab sich Mühe die nächste Zeit, brachte ihr Blumen mit. Manchmal wollte er rumalbern mit ihr, doch wenn er sie zum Spaß an den Handgelenken festhielt oder kitzelte, stieg Panik und unhaltbare Wut in ihr hoch, sie sah zu, dass sie freikam und rannte auf die Toilette, wo sie erst mal nach Luft schnappte, während ihr die Tränen herunterliefen. Sie weinte vor Wut auf sich selbst, irgendwas schien sie auszustrahlen, dass er meinte, so was mit ihr machen zu können. Und vor allem konnte sie keinen Spaß verstehen, wie glaubte sie, so einen Mann halten zu können? Ihn zu halten, das wollte sie nun mehr als alles andere auf der Welt, sie wusste nicht mehr, wie sie ohne ihn leben könnte. Und sie wusste nicht, wie sie ihn weiterhin ertragen konnte, ihr wurde übel, wenn er sie umarmte, sie wollte ihn nur noch wegstoßen, es ekelte sie vor seinem Speichel, wenn er an ihren Brüsten saugte, seinem Atem, seinem Schwanz, seinem Schweiß. Nachts, wenn sie wach lag und hörte, dass er auch nicht schlafen konnte, atmete sie so wie im Schlaf, inständig hoffend, er würde es nicht bemerken und versuchen, sie anzufassen. Mit Alkohol ging es besser, aber ohne wurde es fast unmöglich, wie sollte sie es nur jemals schaffen, nüchtern zu bleiben, wenn sie mal Kinder wollten? Und das wollte sie, eine Familie mit ihm.

Bei den Eltern 1

Sobald sie ihren Eltern von Tobias erzählt hatte, luden diese sie erwartungsvoll zum Abendessen ein. An einem Spätnachmittag fuhren sie die 40 km in die nächste Stadt, natürlich in Tobias' Mercedes, der in der Einfahrt des Reihenhauses parkend einen guten Eindruck hinterlassen würde. Sie saß etwas aufgeregt auf dem Beifahrersitz und freute sich, ihren Eltern gleich einen so tollen Mann vorstellen zu können. Ihre Schwester war auch eingeladen, ohne Freund. Alle 3 kamen zur Tür, als sie klingelten, und Tobias überreichte ihrer Mutter Blumen und ihrem Vater eine gute Flasche Wein. Es schien sofort zu funken, sie sah, wie angetan ihre Eltern waren und ihm gleich das Du anboten. Das dunkelgetäfelte Wohnzimmer war penibel aufgeräumt, die weißen Gardinen gewaschenen, der beigefarbene Teppich fleckenlos. Was er wohl von ihren Eltern dachte? Sie war nervös, ob ihre Eltern auch alles richtig machen würden. Die Mutter hatte sich jedenfalls sichtlich Mühe gegeben, extra das gute Geschirr aus dem Schrank geholt und groß aufgekocht. Sie konnte gut kochen und Tobias machte ihr Komplimente, eine Vorspeise, Fleisch mit Gemüse und Beilagen, es schien ihm so richtig zu schmecken. Der Vater öffnete den Wein und fand sofort passende Gesprächsthemen, die Wirtschaft, Weltpolitik, sie schienen sich sehr ähnlich in ihren Ansichten. Besser konnte es nicht laufen. Sie ließ Tobias' Hand auf der weißen Tischdecke nicht los, so als wollte sie zeigen, wem er gehörte. Sie fühlte sich stark und selbstsicher an seiner Seite.

Nicht lange danach wollte Tobias sie auch seinen Eltern vorstellen. Sie war glücklich, das hieße ja, dass es ihm wirklich ernst war mit ihr. Sie würden zum Kaffee und Kuchen zu ihnen fahren, sie wohnten nicht weit von ihrer Wohnung entfernt. Im Auto erklärte Tobias ihr, dass seine Mutter gesiezt werden wollte, da er ihr schon zu viele Freundinnen in den letzten Jahren vorgestellt hatte. Natürlich verstand sie das. Das Treffen verlief etwas steif, sie verging innerlich vor Aufregung, was sollte sie bloß sagen, sie war ja so uninteressant. Sie lächelte unsicher und lobte den Kuchen der Mutter, kalt lächelte diese zurück. Sein Vater war freundlich, wenigstens er versuchte, nett zu ihr zu sein. Nach einigen endlosen Stunden verabschiedeten sie sich. Tobias schien zufrieden mit ihr zu sein, was sie etwas entspannte, er drückte ihre Hand und redete viel im Auto auf der Fahrt zurück. Scheinbar hatte sie alles richtig gemacht.

Bei den Eltern II

Sobald sie ihren Eltern von Tobias erzählt hatte, wollten diese ihn natürlich sofort kennenlernen. Sie versuchte es hinauszuzögern und erfand verschiedene Ausreden, aber schließlich war ein Termin gefunden und sie fuhren in Tobias' Auto in die nahegelegene Kleinstadt, in der sie aufgewachsen war. Sie wusste nicht so genau, warum sie nicht wollte, dass Tobias und ihre Eltern sich begegneten. Fast hatte sie Angst davor, dass sie sich zu gut verstehen würden, dass ihre Eltern ihn sicher lieber mögen würden als sie selbst, an der sie immer etwas zu kritisieren fanden. Gleichzeitig freute sie sich genau darauf: Nun konnte sie es ihnen endlich einmal zeigen. Sie saß angespannt auf dem Beifahrersitz und stritt mit Tobias, wer heute trinken dürfe und wer heimfahren müsse. Da er Gast war, zog sie schnell den Kürzeren, dabei wusste sie nicht, wie sie den Abend nüchtern überstehen sollte. Ihre Schwester war auch eingeladen, ohne Freund, wie sie hämisch kommentierte.

Alle 3 kamen zur Tür, als sie klingelten, und Tobias überreichte ihrer Mutter Blumen und ihrem Vater eine gute Flasche Wein. Es schien sofort zu funken, sie sah, wie zufrieden ihre Eltern dreinschauten, und die Schwester sichtlich neidisch, was sie sehr freute. Sofort wurde Tobias das Du angeboten. Das spießige Wohnzimmer war wie immer sauber und freudlos. Bei dem Kreuz an der Wand würde Tobias sich wohl heimisch fühlen. Sie sah, wie ihre Mutter die Medaille um ihren Hals sah und sie hoffnungsvoll ansah. Mist, sie hätte sie abnehmen sollen, sie wollte nicht, dass die Mutter dachte, nun wäre sie endlich bekehrt und brav. Was Tobias wohl von ihren Eltern dachte? Sie war nervös und unruhig, dieser Besuch war anders als die anderen, wenn sie allein kam und schon in der Diele Streit ausbrach, die gemeinsame Zeit pflichtschuldig an Weihnachten und Ostern zusammen verbracht wurde, ohne dass sie wussten, über was sie reden könnten. Die Mutter hatte sich jedenfalls sichtlich Mühe gegeben, extra das gute Geschirr aus dem Schrank geholt und groß aufgekocht. Sie konnte gut kochen und Tobias machte ihr Komplimente, es schien ihm so richtig zu schmecken. Der Vater öffnete den Wein und fand sofort passende Gesprächsthemen, die Wirtschaft, Weltpolitik, sie schienen sich sehr ähnlich in ihren Ansichten. Sie fühlte sich wie das 5. Rad am Wagen, der Schleimer verstand sich bestens mit ihrem Vater und charmierte die Mutter und die Schwester, die sehr angetan von ihm waren und bestimmt nicht verstanden, was er an ihr fand. Genüsslich griff sie nach seiner Hand, die neben dem Teller lag und lächelte ihnen zu. Arschlöcher, allesamt. Sie hätte sich verkriechen mögen, aber wohin, vermutlich wäre es für alle Beteiligten am besten, sie wäre gar nicht hier, ihrer Familie würde sie nicht fehlen, Tobias erst recht nicht, zu viele gab es wie sie, hübsch und willig und aufschauend zu ihm. Und es wäre am besten für sie selbst, sie müsste dieses Leben nicht mehr ertragen, sich selbst nicht mehr ertragen, sie ekelte sich vor sich und spürte nichts als hasserfüllte Verachtung. Und doch auch so etwas wie süße Genugtuung, Stolz, so einen Mann wie ihn als Freund zu haben und nun plötzlich mit ihrer Familie an einem Tisch zu sitzen und dazuzugehören wie ein vollwertiges Mitglied, dank ihm.

Nicht lange danach wollte Tobias sie auch seinen Eltern vorstellen. Sie wusste nicht, was sie davon halten sollte, aber ein Nachmittag bei Kaffee und Kuchen würde schon nicht so schlimm werden. Im Auto auf dem Weg dorthin erklärte Tobias ihr, dass seine Mutter gesiezt werden wollte, da er ihr schon zu viele Freundinnen in den letzten Jahren vorgestellt hatte. „Puh ...", sie merkte, wie sie das unter Druck setzte und sie nun im Geiste viele Gesichter junger Frauen vor sich sah, zweifellos alle hübscher und klüger als sie. Die Mutter selbst machte ihr sofort Angst, sie war eine zierliche Frau, dünner als sie selbst, makellos geschminkt und blondiert sah sie sie aus kalten blauen Augen an. „Hier kommt also die Nächste, mal sehen, wie lange das hält", sagte sie. Der Vater lächelte sie freundlich an, sie bemerkte, dass er sie hübsch fand und unauffällig ihre Figur musterte. Das Treffen verlief etwas steif, unbequem saßen sie auf dem teuer aussehenden Sofa, hoffentlich machte sie keine Flecken drauf. Was für eine schreckliche Familie, fast tat ihr Tobias leid. Er schien auch keinen leichten Stand hier zu haben, sein Bruder war der Liebling der Mutter, noch erfolgreicher als er, schon Oberarzt. Beide Eltern stellten Tobias kritische Fragen, zu seiner Wohnsituation, seinem Job, warum er nicht schon weiter war? Ob es ihm wirklich gut ginge, wirklich, war er sicher? Sie sah den Seitenblick der Mutter auf sie selbst bei dieser Frage. Sie lächelte unsicher und lobte den Kuchen der Mutter, kalt lächelte diese zurück. Sein Vater versuchte wenigstens, nett zu ihr zu sein, erkundigte sich interessiert nach ihren Aufgaben in der Firma. Nach einigen endlosen Stunden verabschiedeten sie sich. Tobias schien zufrieden mit ihr zu sein, was sie etwas entspannte, er drückte ihre Hand und redete viel im Auto auf der Fahrt zurück. Sie sagte nichts, war in Gedanken woanders. Sie wollte dieses Leben nicht, sich selbst darin vor allem nicht. Vielleicht wäre es am besten, auf der Rückfahrt einen Autounfall zu haben, in hoher Geschwindigkeit an einen Baum und es wäre alles vorbei, dieses mühselige Leben und es wäre friedlich, endlich.

Streit I

Sie waren nun schon ein halbes Jahr zusammen und manchmal hatte sie das ungute Gefühl, er wäre genervt von ihr. Er fing an, abfällig über sie zu sprechen, auch vor seinen Kumpels, wie sie aussah, sie könne sich schlecht ausdrücken, nicht reden, ihr Gang sei komisch, ihre Tischmanieren sowieso, was sie mit einem verlegenen Lächeln hinnahm, er hatte ja Recht. Er fand auch, sie hätte ein paar Kilo zu viel, was einen wunden Punkt traf, das hatte ihr Vater ihr von klein auf auch ständig vorgehalten. Einmal erzählte Tobias ihr lauthals lachend von einer Bemerkung eines Freundes, der sie wohl sehr attraktiv fand und „top" als Frau. „Haha, du doch nicht, hat der keine Augen im Kopf?" Sie schämte sich dafür, wie sie war und bemühte sich, es ihm recht zu machen, das anzuziehen, was er als schick ansah, das zu kochen, was er mochte.

Er ging nun öfter abends mit Freunden allein weg, Männerabend, was sie ihm gönnte, was ihr aber auch Angst machte. Nach dem Fußball kam er spät zurück, wenn er dachte, sie schliefe schon. Aber sie wartete auf ihn, horchte schon lange davor auf Schritte vor der Tür und den Schlüssel, der sich im Schloss umdrehen würde. Was, wenn er nicht mehr zurückkäme? Sie versuchte, ihm eine Freude zu machen, wenn er dann endlich wieder da war, aber meist war er zu müde, oder hatte zu viel getrunken. Er gab ihr einen Kuss und fing fast sofort an zu schnarchen, nachdem er sich hingelegt hatte.

Er erzählte ihr erst spät von dem geplanten Wochenendstädtetrip nach Barcelona mit seinen Freunden, ohne Frauen. Warum sie nicht mitkommen könnten? Nein, sie würden das jedes Jahr einmal machen, saufen natürlich, aber auch Kultur, bräuchten mal ihre Ruhe … Schon nächstes Wochenende würden sie fliegen. Sie war verletzt und fing an zu weinen und sagte ihm schließlich, dass er gar nicht mehr wiederzukommen bräuchte, wenn er ohne sie wegfahren wollte. Er beschimpfte sie, schrie zurück, sie solle sich nicht so anstellen und überhaupt, er könne so ein Geklammer nicht ausstehen und wolle gar nicht mehr zu ihr zurück. Sie ging ins Schlafzimmer und knallte die Tür hinter sich zu. Er schlief auf dem Sofa. Die nächsten Tage bis zu seinem Abflug blieb es so, sie sprachen nur das Nötigste miteinander und sie verbrachte die Abende allein im Schlafzimmer. Er hatte ja Recht, was machte sie so ein Drama daraus, schließlich unternahmen die Partner ihrer Freundinnen auch oft etwas zusammen nur unter Männern.

Als er Sonntagabend schlecht gelaunt und schwer verkatert wieder in der Tür stand, war sie bereit. Sie hatte gebadet und sich sexy angezogen. Freudestrahlend schloss sie ihn in die Arme und sagte ihm, wie froh sie sei, dass er wieder da war. Sie hätte ihn so vermisst. „Ich dich auch", sagte er. Sie hatte gekocht und nach dem Essen schlug sie vor, doch einen seiner Pornofilme anzusehen, was sie bisher immer abgelehnt hatte. Er sei zu müde, sagte er, aber na gut, einen kurzen Film und nachdem er dabei nur lustlos im Bett lag, fing sie an, das gleiche zu machen wie die Frau auf dem Bildschirm und ihm vor Verlangen stöhnend den doch endlich steif gewordenen Schwanz zu lutschen. Er fasste sie an den Haaren und sagte ihr, sie sei die Beste und nachdem er in ihrem Mund gekommen war, kuschelte sie sich glücklich an ihn.

Streit II

Sie waren nun schon ein halbes Jahr zusammen und manchmal hatte sie das Gefühl, er wäre genervt von ihr, was ihr Hoffnung gab. Vielleicht wäre er doch bald weg, sie sehnte sich nach Ruhe. Gleichzeitig erfüllte es sie mit Angst und Verzweiflung, sie konnte sich ein Leben ohne ihn nicht mehr vorstellen. Er fing an, abfällig über sie zu sprechen, auch vor seinen Kumpels, wie sie aussah, sie könne sich schlecht ausdrücken, nicht reden, ihr Gang sei komisch, ihre Tischmanieren sowieso, der Sex mit ihr sei langweilig. Er fand auch, sie hätte ein paar Kilo zu viel, wie ihr Arsch von Vater ihr von klein auf auch ständig vorgehalten hatte. Nicht umsonst hatte sie sich jahrelang nach dem Essen den Finger in den Hals gesteckt und das Essen erbrochen, bis ihre Mutter ihr eines Tages gefolgt war und an der Toilettentür lauschte. Jedes Mal wurde sie nun rasend wütend auf Tobias, sie fühlte sich unaussprechlich gedemütigt, wollte ihn am liebsten umbringen, erwürgen, totschlagen, die Augen auskratzen. Gleichzeitig wurde sie ganz klein, sie hasste sich selbst dafür, wie sie aussah, wie sie redete, wie sie sich bemühte, es ihm recht zu machen, das anzuziehen, was er als schick ansah und was sie zum Kotzen fand, das zu kochen, was er mochte.

Sie konnte ihn nicht mehr riechen in ihrer Wohnung und freute sich, wenn er öfter allein mit Kumpels wegging oder nach dem Fußball sehr spät zurückkam. Leider konnte sie dann nicht einschlafen, weil sie es nicht leiden konnte, wie er sich dann oft betrunken an sie drückte und noch Sex wollte. Also lag sie wach und wartete auf seine Rückkehr, lauschte auf Schritte im Flur und auf den Schlüssel im Schloss. Glücklicherweise hatte er in letzter Zeit weniger Lust und schlief meist sofort ein, bierselig schnarchend. Sie drehte sich von ihm weg, um seinen Atem nicht riechen zu müssen.

Ein paar Tage vorher erzählte er ihr von dem geplanten Städtetrip nach Barcelona mit seinen Freunden und sie war froh, mal wieder ein Wochenende für sich zu haben. Mann, was musste sie blöde Kuh da so eine Szene veranstalten. Allerdings war die Wirkung erfreulich, er würde sie bald verlassen. Sie sah sich schon wieder allein in der Wohnung, genügend Platz ohne seine Sachen überall, wohlaufgeräumt und gut riechend ohne seinen Schweißgeruch. Zufrieden schlief sie allein im Bett und er auf dem Sofa. Sie rief Anne an, doch ausgerechnet am kommenden Wochenende war sie nicht in der Stadt. Mist, zu gerne wäre sie ausgegangen, hätte sich mit ihrer Freundin betrunken so wie früher, Spaß gehabt, ohne Tobias.

Sie sah, wie er mit seiner Sporttasche die Wohnung verließ. Ihr war plötzlich, als hätte sie einen Schlag auf den Kopf und einen Tritt in die Magengrube bekommen, ein dumpfes Gefühl machte sich in ihr breit und sie sank in sich zusammen. Ihr wurde kalt und sie legte sich auf's Sofa, wo sie einen Weinkrampf bekam. Schluchzend umklammerte sie sein Schlaf-T-Shirt und schnüffelte daran, holte schließlich noch ihren Teddy aus dem Schrank und verbrachte das Wochenende zwischen Sofa, Küche und Bad, kaum in der Lage zu essen oder eine Freundin anzurufen und selbst etwas zu unternehmen. Wenn er sie verließe, wäre ihr Leben zu Ende. Sie war ein wertloses Stück Dreck, es gab nichts, was sie an sich gut leiden konnte, das Beste wäre, sie würde sterben, das Beste für sie und für die Menschheit.

Als sie ihn dann Sonntagabend wieder in der Tür stehen sah, mit zerknautschtem Gesicht und mürrisch dreinblickend, stieg Widerwille in ihr auf. Sie hätte heulen können vor Wut, als sie mitansehen musste, wie sie sich selbst erniedrigte und freiwillig einen seiner frauenverachtenden Pornos ansehen wollte. Kein Wunder, dass er jeden Respekt vor ihr verloren hatte. Klar, dass er keine Lust hatte, nachdem er letzte Nacht vermutlich in einem Tabledance-Club verbracht und sicher eine Nutte gefunden hatte. Sie sah die gewaltverherrlichenden Bilder und die Frau, die das laut stöhnend zu genießen schien. Sie bekam Unterleibsschmerzen und etwas in ihr zog sich zusammen, bevor sie vollkommen taub wurde. Auf einmal spürte sie nichts mehr, sah sich selbst wie an der Decke schwebend zu und als er ihr in die Haare fasste und ihren Kopf nach unten drückte, verschwand sie ganz für eine Weile. Sie fand sich in seinen Armen liegend wieder, den verhassten Geschmack von Sperma im Mund. Nun, da er wieder da war, wünschte sie sich nichts sehnlicher, als dass er ginge, für immer. Und sie wusste nicht, wie sie das überleben sollte.

Verlassen 1

Er war gegangen, wie er gekommen war, hatte seine Sachen in seinen Koffer und seine zwei Sporttaschen gepackt, hatte sie zum Abschied umarmt und war weg eines Samstagmorgens. Sie hatte nichts gesagt und ihm stumm zugesehen. Wie betäubt saß sie danach auf dem Sofa und blickte sich in der nun leer wirkenden Wohnung um. Kaum ein Jahr hatte ihr Glück gedauert. Er sei nicht mehr verliebt in sie und es gäbe da eine Frau, mit der sich mehr entwickelt hätte als nur Freundschaft die letzten Wochen. Das sah sie ein. Jede andere Frau war besser als sie, natürlich. Sie war zu erstarrt, um zu weinen. Sie wollte auch niemanden anrufen, nur allein sein. Sie konnte den ganzen Tag nichts essen, bis auf eine Tüte Chips. Nach der ersten halben Flasche Wein flossen dann die Tränen. Sie überlegte, ihn noch einmal anzurufen, anzuflehen, nur seine Stimme noch einmal zu hören. Aber sicher war er bei seiner neuen Tussi. Es war vorbei, sie hatte ihn so geliebt. Nie wieder würde sie einen Mann wie ihn finden. Sie heulte und trank weiter, den Rest der edlen Whiskeyflasche, die Tobias hinterlassen hatte, sah dabei alle paar Sekunden, die ihr wie Ewigkeiten erschienen, auf ihr Handy, ob er ihr nicht vielleicht doch geschrieben hatte, zu ihr zurückkehren wollte, bis sie irgendwann erschöpft einschlief. Den Sonntag verbrachte sie im Bett, rührte sich kaum, starrte betäubt an die Wand, während sie immer wieder von Weinkrämpfen durchgeschüttelt wurde.

Montag schließlich stand sie früh auf, duschte, zog sich sorgfältig an, schminkte sich und ging in die Arbeit, als wäre nichts gewesen, begrüßte mit ihrem üblichen Lächeln die Kollegen und ging dankbar einen Kaffee mit ihnen trinken. Ihr wurde ein neuer Kollege aus dem Vertrieb vorgestellt. Michael, was für ein netter Typ. Sie fühlte sich gleich besser, als er ihr zulächelte.

Verlassen II

Dieses verfickte Arschloch, Drecksack, Abschaum. Er war gegangen, wie er gekommen war, hatte seine Sachen in seinen Koffer und seine zwei Sporttaschen gepackt, hatte sie zum Abschied umarmt, das hätte er sich sparen können, wie demütigend, und war weg. Wieso hatte sie ihm nicht in die Eier getreten und ihn angebrüllt, sie hätte ihn eh schon immer Scheiße gefunden und sei froh, dass er endlich weg sei. Sie saß auf dem Sofa und blickte sich in der nun leer wirkenden Wohnung um, die eher grau und lieblos eingerichtet war, zusammengewürfelt wie sie selbst. Sie hätte schreien können vor Wut. Er sei nicht mehr verliebt in sie und es gäbe da eine Frau, mit der sich mehr entwickelt hätte als nur Freundschaft die letzten Wochen. Natürlich, das hätte sie sich denken können, er besprang alles, was nicht bei 3 auf dem Baum war, was hatte sie eigentlich von so einem erwartet? Wie vielen Frauen hatte er vor ihr mit heftigen Stößen sein Kreuz ins Gesicht getrieben? Und wie viele würden nach ihr kommen? Wie viele waren es während der Beziehung zu ihr gewesen? Sie war zu erstarrt, um zu weinen. Sie wollte auch niemanden anrufen, diese Niederlage wollte sie erstmal niemandem beichten. Sie konnte fast die Gedanken ihrer Familie hören, unausgesprochen: „War ja klar, dass das nicht von langer Dauer sein würde." Sie konnte den ganzen Tag nichts essen, riss irgendwann eine Tüte Chips auf und öffnete eine Flasche Rotwein. Nach den ersten 2 Gläsern fing sie plötzlich hemmungslos zu schluchzen an. Glücklicherweise entschied sie sich gegen einen Anruf bei ihm, das wäre der Gipfel der Demütigung geworden. Es war vorbei, es tat weh, wie sehr sie sich zum Affen gemacht hatte, wie viel sie ertragen und hingenommen hatte von ihm, sich untergeordnet hatte und nun war das alles umsonst gewesen. Er fehlte ihr, mit seiner dominanten Art den Platz in ihrer Wohnung auszufüllen, seine Sachen überall liegen zu lassen, den Tagesablauf zu bestimmen, seine Wünsche durchzusetzen. Die Leere war kaum auszuhalten. Es war, als wäre mit ihm ihr Herzschlag gegangen, Taktgeber ihres Lebens, und als könnte sie allein die Körperwärme und Kraft nicht aufbringen, die nötig war, um weiterzuleben. Als hätte er sie auf der Couch zurückgelassen wie ein benutztes Kondom, schlaff, ausgedient, bereit für Abtransport und Beseitigung, mehr war sie nicht wert. Sie heulte und trank weiter, nun seinen Whiskey, den sie eigentlich nicht mochte, rauchte zum ersten Mal seit Jahren wieder eine Zigarette und wankte schließlich ins Bad, wo sie sich erbrach und neben der Toilette einschlief. Als sie aufwachte, spürte sie als erstes die Marienmedaille um ihren Hals. Sie legte ihre Hand darauf, sie fühlte sich beschützt von ihr, es würde alles gut werden, bestimmt. Dann plötzlich riss sie sie sich in einem Anfall von Wut vom Hals und warf sie in die Toilettenschüssel, wo sie die nächsten Tage schwamm und nicht runterzuspülen war. Es war vorbei.

Den Sonntag verbrachte sie im Bett, rührte sich kaum, starrte betäubt an die Wand, während sie immer wieder von Weinkrämpfen durchgeschüttelt wurde. Sie war ein Nichts, ein Stück Dreck, vielleicht sollte sie sich auf irgendeine drastische Weise umbringen, aber würde es Tobias dann leidtun? Sie bezweifelte es und verwarf den Gedanken wieder.

Montag schließlich stand sie früh auf, duschte, zog sich sorgfältig an und schminkte sich und ging in die Arbeit, als wäre nichts gewesen, begrüßte mit ihrem üblichen Lächeln die Kollegen, obwohl sie sich verkatert, zerschlagen und beschissen fühlte wie selten in ihrem Leben und ging einen Kaffee mit ihnen trinken. Ihr wurde ein neuer Kollege aus dem Vertrieb vorgestellt. Michael, was für ein abgeleckter Schleimer. Aber sie fühlte sich gleich besser, als er ihr zulächelte.

Das erste Date III

Sie saß ihm gegenüber und schlug schüchtern die Augen nieder, wenn er sie ansah mit seinem intensiven, manchmal fragenden Blick. Michael hatte sie nach kurzer Zeit eingeladen, zuerst auf einen Kaffee in der Teeküche, nun abends auf ein Glas. Sie konnte kaum glauben, dass so ein gutaussehender Typ sich für sie interessierte. Wortreich erklärte er ihr seine Vorzüge, Abschlüsse, Erfolge. Er suchte Bewunderung und etwas in ihr wurde ganz klein, verschwand fast. Sie lächelte, legte den Kopf schief und nickte zu allem, was er sagte. Sie war froh, dass er so viel redete, sie hätte nichts zu sagen gewusst. Sie nippte an ihrem dritten Cocktail und freute sich, als er sie danach fragte, ob sie mit zu ihm kommen wolle. Sie wollte.

DIE AUTORIN

Karina Mayer wurde 1977 in Süddeutschland geboren. Dort lebt sie nach wie vor und arbeitet als Psychologin. Die Erstautorin ist verheiratet und Mutter von 2 Kindern. Wenn sie sich nicht gerade selbst schriftstellerisch betätigt, so genießt sie die Werke anderer Autoren oder betreibt Sport.

DER VERLAG

VINDOBONA
VERLAG SEIT 1946

ein Verlag mit Geschichte

Bereits seit 1946 steht der Vindobona Verlag im Dienst seiner Bücher und Autoren. Ursprünglich im Bereich periodisch erscheinender Journale tätig, präsentiert sich der Verlag heute als kompetenter Partner für Neuautoren am deutschen, österreichischen und schweizerischen Buchmarkt. Engagement, Verlässlichkeit und Sachverstand – das sind die Grundpfeiler, auf denen der Verlag seit jeher sicher steht.

Sie möchten mit Ihrem Werk das vielseitige Verlagsprogramm bereichern? Der Vindobona Verlag garantiert Ihnen eine professionelle Prüfung Ihres Manuskriptes durch das Lektorat sowie eine zeitnahe Rückmeldung.

Genauere Informationen zum Verlag
finden Sie im Internet unter:

www.vindobonaverlag.com